Falsche Freunde: Deutsch–Französisch

Siegfried Theissen ist emeritierter Ordinarius der Universität Lüttich (Belgien) und Autor von mehr als 30 Werken über Redewendungen, ‚falsche Freunde' und kontrastive Präpositionen in Deutsch, Französisch, Niederländisch und Englisch.

Siegfried Theissen

Falsche Freunde: Deutsch–Französisch

BUSKE

Bibliografische Information der Deutschen Nationalbibliothek
Die Deutsche Nationalbibliothek verzeichnet diese Publikation in der Deutschen Nationalbibliografie; detaillierte bibliografische Daten sind im Internet über ‹https://portal.dnb.de› abrufbar.

ISBN 978-3-96769-310-2

 Umschlaggestaltung: QART Büro für Gestaltung, Hamburg. Satz: Reemers Publishing Services, Krefeld. Druck und Bindung: Printing Solutions, Viborg. Printed in Denmark.

Inhaltsverzeichnis

Vorwort

Listen und Wörterbücher mit ‚falschen Freunden' gibt es in Hülle und Fülle, aber in diesem Band werden sie zum ersten Mal in Beispielsätzen aus dem Internet präsentiert.

Ein ‚falscher Freund' (aus dem französischen ‚faux ami', als Fauxami auch im Deutschen gebräuchlich) ist laut Duden (2015) ‚Ein in mehreren Sprachen in gleicher oder in ähnlicher Form vorkommendes Wort, das jedoch von Sprache zu Sprache verschiedene Bedeutungen hat, was häufig Anlass zu falschem Gebrauch und zu Übersetzungsfehlern ist'. Dem kann man noch hinzufügen, dass nicht nur einzelne Wörter, sondern auch Wortverbindungen anfällig sind für Übersetzungsfallen.

Man kann die ‚falschen Freunde' in verschiedene Kategorien einteilen: Die erste unterscheidet zwischen

a) Wörter mit vollkommen abweichender Bedeutung: *Weste/veste*, und

b) Wörter, deren Bedeutung(en) sich überschneiden: *alarmieren/alarmer*. Dann handelt es sich um partielle ‚falsche Freunde'.

Man kann auch noch einen Unterschied machen zwischen Wörtern, die im Deutschen mehr Bedeutungen haben als im Französischen und umgekehrt, Wörtern, die im Französischen mehr Bedeutungen haben als im Deutschen.

Zur ersten Kategorie gehören Wörter wie *Chiffre/chiffre*, zur zweiten *Kanaille/canaille*.

Was die Form betrifft, gibt es eine Reihe von Möglichkeiten:

Die Form (jedoch nicht die Aussprache!) kann genau dieselbe sein: *Approbation/approbation*, *Bagatelle/bagatelle*. Sie kann auch fast gleich sein: *Ampulle/ampoule*.

In den meisten Fällen jedoch gibt es deutliche Unterschiede (aber dann kann die Aussprache identisch sein): *Exempel/exemple*.

Insgesamt sind hier rund 380 Fälle berücksichtigt worden, allerdings nur ‚falsche Freunde', die zur gleichen grammatischen Kategorie gehören. Also werden Substantive mit Substantiven, Adjektive mit Adjektiven und Verben mit Verben verglichen. Es macht nicht viel Sinn, Verben mit Substantiven oder Substantive mit Adjektiven zu vergleichen, denn da wird man sich wohl kaum in die Irre führen lassen. So wird zwar oft *salopp/salope* (Miststück) als ‚falscher Freund' zitiert, aber das deutsche Wort ist ein Adjektiv, das französische jedoch ein Substantiv. Solche Paare sind also nicht berücksichtigt worden.

Es war natürlich nicht möglich alle Bedeutungen jedes Wortes aufzunehmen, nur die markantesten werden hier aufgelistet.

Wie heimtückisch ‚falsche Freunde' sein können, sieht man an der unterschiedlichen Bedeutung von *établissement* und *Etablissement*.

Möge dieses Werk Studierende und Übersetzer zur Vorsicht mahnen und sie vor ärgerlichen Irrtümern behüten.

Stembert-Verviers, im Mai 2023 — Siegfried Theissen

A

Addition ▸ addition

Die *Addition* lernt man schon im ersten Schuljahr.

addition (f) ▸ ① **Addition** ② **Rechnung**

① *L'addition* s'apprend déjà en première année.

② Garçon, *l'addition,* svp !

Adjudant ▸ aide-de-camp

Der Oberst bat seinen *Adjudanten,* den General anzurufen.

adjudant (m) ▸ **Oberfeldwebel**

Mon *adjudant,* puis-je avoir un jour de permission ?

Affäre ▸ ① **affaire fâcheuse** ② **liaison**

① Das Parlament muss die *Affäre* um die Impfstoffe unbedingt aufklären.

② Glaubst du, die beiden haben eine *Affäre?*

affaire (f) ▸ **Angelegenheit, Sache**

Dans cette *affaire,* ce n'est pas moi qui décide.

affektiert ▸ affecté, maniéré

Ich finde sein Benehmen ziemlich *affektiert.*

affecté ▸ ① **affektiert** ② **geheuchelt**

① Il parle toujours d'un ton *affecté.*

② Son attitude n'est pas sincère, elle me paraît plutôt *affectée.*

Agenda ▸ agenda, programme

Was steht heute auf der *Agenda?*

agenda (m) ▸ ① **Agenda** ② **Terminkalender**

① J'ai un *agenda* chargé, aujourd'hui.

② Va un peu me chercher mon *agenda,* il est sur mon bureau !

Aggregat ▸ groupe électrogène

Der Strom ist schon wieder ausgefallen! Zum Glück haben wir ein *Aggregat.*

agrégat (m) ▸ **eine Mischung aus verschiedenen Dingen**

‹Les roches sont des *agrégats* composés de différents minéraux.› (Robert)

Air ▸ **se donner des airs** (Mz!)
Dein Freund gibt sich gerne ein *Air.*
air (m) ▸ ① **Luft** ② **Luft** ③ vornehm **aussehen** ④ **Melodie** ⑤ **Air**
① Vous avez besoin de l'*air* de la montagne.
② La révolte était dans l'*air.*
③ Habillé comme ça, tu n'as pas l'*air* distingué.
④ Je n'ai encore jamais entendu cet *air.*
⑤ Je n'aime pas quand tu te donnes de grands *airs.*

Akademiker ▸ **universitaire**
Jedes Jahr steigt die Zahl der *Akademiker.*
académicien ▸ **Mitglied einer Akademie.**
L'Académie Française compte 30 *académiciens.*

akademisch ▸ ① **universitaire** ② **académique, sans originalité**
① Mein Vater hatte auch einen *akademischen* Grad.
② Das Bild ist mir zu *akademisch* gemalt.
académique ▸ ① **ein Empfang (in) einer Akademie** ② **akademisch (2)**
① Une réception *académique.*
② Une peinture très *académique.*

akkomodieren (sich) ▸ **s'arranger**
Können wir *uns* über die Zahlung *akkomodieren?*
accomoder (s') ▸ **sich abfinden, akzeptieren**
Il faudra bien *s'accomoder* des nouvelles règles du travail.

Akquisition ▸ **prospection de clients**
Ein Akquisiteur muss Talent zur *Akquisition* von Kunden haben.
acquisition (f) ▸ **Erwerb, Kauf**
Avant de faire construire notre maison, nous devons d'abord faire l'*acquisition* d'un terrain.

Akte ▸ **dossier**
Legen Sie bitte eine *Akte* an über diesen Vorfall!
acte (m) ▸ ① **Tat** ② **Urkunde** (notariell beglaubigte)
① Cet *acte* est impardonnable.
② Un *acte* notarié.

Aktion ▸ ① **action** ② **promotion** (commerciale)
① Das war eine gemeinschaftliche *Aktion* der hiesigen Polizei und der Bundespolizei.
② Diese Woche gibt es bei uns *Aktion*spreise.
action (f) ▸ ① **Aktion** ② **Aktie**
① C'était une *action* concertée de la police locale et de la police fédérale.
② Je possède une centaine d'*actions* de cette société.

alarmieren ▸ ① **alerter** ② **alarmer**
① Wir müssen die Feuerwehr *alarmieren.*
② Das Gerücht hat mich *alarmiert.*
alarmer (s') ▸ ① **alarmieren** ② **sich beunruhigen**
① Ce bruit bizarre m'a *alarmé.*
② Tu *t'alarmes* vraiment pour un rien !

Alimente ▸ **pension alimentaire**
Seitdem wir geschieden sind, muss ich *Alimente* zahlen.
aliments (m Mz) ▸ **Nahrungsmittel**
Je ne mange jamais d'*aliments* crus.

Allee ▸ **allée**
Ich wohne am Anfang einer endlosen *Allee,* die von Birken umsäumt ist.
allée (f) ▸ ① **Allee** ② **Seitengang**
① J' habite *Allée* des acacias.
② L'*allée* latérale de l'église n'a pas encore été refaite.

Amateur ▸ **amateur**
Ich bin kein Berufsgeiger, nur ein kleiner *Amateur.*
amateur (m) ▸ ① **Amateur** ② **Liebhaber**
① Je ne suis pas un violoniste professionnel, mais seulement un petit *amateur.*
② Comme mon père, je suis un *amateur* de bons vins.

ambulant ▸ **ambulatoire**
Die *ambulanten* Patienten bezahlen natürlich weniger.
ambulant ▸ **fliegend** (e Händler)
On voit beaucoup moins de marchands *ambulants.*

Ami ▸ **soldat américain lors de l'occupation de l'Allemagne à partir de 1945**
Nach dem Krieg wurden die amerikanischen Besatzungssoldaten in Deutschland ‚*Amis*' genannt.
ami (m) ▸ **Freund**
Henri est mon meilleur *ami.*

animieren ▸ inciter

Ich lasse mich von dir nicht zum Trinken *animieren!*

animer ▸ ① beleben ② Leben in etwas bringen

① C'est quelqu'un qui sait *animer* un débat.

② Ce nouveau café a *animé* tout le quartier.

Antiquar ▸ bouquiniste

Diese Erstausgabe von Kleists ‚Effi Briest' habe ich bei einem *Antiquar* gekauft.

antiquaire (m) **▸ Antiquitätenhändler**

Ce meuble Louis XV, je l'ai acheté chez un *antiquaire.*

Apparat ▸ appareil

Stell den *Apparat* einfach ins Wohnzimmer!

apparat (m) **▸ ① Prunk ② Festgewand**

① C'était une réunion toute simple, sans *apparat.*

② Un *habit d'apparat.*

Approbation ▸ autorisation d'exercer

Herr Doktor, wenn Sie das tun, verlieren Sie Ihre *Approbation.*

approbation (f) **▸ Zustimmung**

Je n'ai pas besoin de votre *approbation* pour faire ce que j'ai à faire.

Armatur ▸ ① instruments de commande ② le tableau de bord

① Die *Armatur* dieser Maschine ist mir zu kompliziert.

② Das *Armaturen*brett eines Autos.

armature (f) **▸ ① Gerüst ② Armierung ③ Bügel**

① *L'armature* de cette construction n'est pas très solide.

② *L'armature* de ce béton est faite de barres d'acier de 2 cm de diamètre.

③ Ma femme préfère les soutien-gorges à *armature.*

arrangieren ▸ ① arranger, organiser ② arranger

① Können Sie das Meeting für mich *arrangieren?*

② Ich habe das Stück für Geige *arrangiert.*

arranger ▸ ① ordnen ② arrangieren ③ gelegen kommen

① Je dois encore *arranger* mes papiers.

② Je vais *arranger* ça pour toi.

③ Cette solution *m'arrange.*

Arrest ▸ arrêts (Mz)
Der Fahnenflüchtige wurde zu scharfem *Arrest* verurteilt.
arrêt (m) ▸ ① **Haftbefehl** ② **Untersuchungsgefängnis**
① Le juge délivra un *mandat* d'*arrêt.*
② En Belgique, les maisons d'*arrêt* sont pleines à craquer.

Arretierung ▸ blocage (d'une machine, d'un appareil)
Zur *Arretierung* des Gerätes müssen Sie diesen Hebel drücken.
arrêt (m) ▸ ① **Halt, Aufenthalt** ② **Haltestelle** ③ **Abstellen**
① Nous ferons un *arrêt* de dix minutes.
② Le prochain *arrêt* du bus est à 200 m.
③ N'ouvrir le capot qu'après *l'arrêt* complet du moteur.

Artist ▸ artiste de cirque
Wenn der Zirkus bankrott macht, sind die *Artisten* arbeitslos.
artiste (m/f) ▸ **Künstler(in)**
Picasso était un grand *artiste.*

artistisch ▸ acrobatique
Dieser Zirkus bietet nur *artistische* Glanzleistungen.
artistique ▸ ① **Eiskunstlaufen** ② **künstlerisch**
① Ma fille pratique le *patinage artistique.*
② Le patrimoine *artistique* de notre pays est immense.

atomisieren ▸ pulvériser
Die ganze Stadt wurde bei dem Angriff *atomisiert.*
atomiser ▸ ausradieren (durch Atombomben)
En 1945 deux villes japonaises ont été *atomisées.*

attestieren ▸ attester
Die Unschädlichkeit des Impfstoffes ist amtlich *attestiert* worden.
attester ▸ ① **bestätigen, bezeugen** ② **(wissenschaftlich) belegen**
① Tous les témoins ont *attesté* les faits.
② Ce changement syntaxique est *attesté* par de nombreux exemples.

attraktiv ▸ ① **attractif** ② **séduisant, attrayant**
① Wir bieten Ihnen *attraktive* Bedingungen.
② Sie ist eine *attraktive* Frau.
attractif ▸ ① **attraktiv** ② **sich auf die Anziehungskraft beziehend.**
① Nous vous offrons des prix très *attractifs.*
② Vous constatez la force *attractive* de l'aimant.

Attrappe ▸ leurre
Die Bombe war nur eine *Attrappe.*
attrape (f) ▸ ① **Schwindel, Betrug** ② **Scherzartikel**
① Cette offre n'est qu'une *attrape.*
② Un magasin de *farces et attrapes.*

Audienz ▸ audience
Der Bischof hat den Papst um eine *Audienz* gebeten.
audience (f) ▸ ① **Audienz** ② **Gerichtsverhandlung** ③ **Interesse, Anklang**
① L'évêque a demandé une *audience* au pape.
② *L'audience* se tiendra à huis-clos.
③ Le projet de loi a eu une large *audience.*

Audimax (Auditorium Maximum) ▸ **grand amphi(théâtre)**
Das *Audimax* ist unser größter Hörsaal.
audimat (m) ▸ **Einschaltquote**
Les jeux sont les champions de *l'audimat.*

Auditorium ▸ ① **Hörsaal** ② **Zuhörerschaft**
① Die Vorlesung findet im *Auditorium* Max Planck statt.
② Das *Auditorium* lauschte gespannt dem Vortrag des berühmten Gelehrten.
auditorium (m) ▸ **Tonstudio**
L'enregistrement de mon nouveau disque aura lieu à *l'auditorium* Jacques Brel.

autonom ▸ ① **autonome** ② **dit de groupes à tendance anarchiste**
① Wir brauchen Ihre Erlaubnis nicht, wir können das *autonom* beschließen.
② Die Kundgebung wurde von *autonomen* Gruppen gestört.
autonome ▸ **autonom, selbstständig**
Nous pouvons décider de cela de façon *autonome.*

avancieren ▸ **être promu**
Der Filialleiter ist zum Direktor *avanciert.*
avancer ▸ ① **vorangehen** ② **nützen** ③ **vorstellen** ④ **vorgehen** ⑤ **leihen, einen Vorschuss geben** ⑥ **näherkommen**
① Est-ce que le travail *avance ?*
② Ce que tu me proposes ne *m'avance* à rien.
③ Au printemps, il faut *avancer* les montres.
④ Ma montre *avance* de 2 minutes.
⑤ Tu peux *m'avancer* 500 euros ?
⑥ *Avance* un peu vers moi !

B

Bagage ▸ racaille
Mit dieser *Bagage* möchte ich nichts zu tun haben.

bagage(s) (m) ▸ ① **Gepäck** ② **aufbrechen** ③ **Können**
① Je dois encore défaire mes *bagages.*
② Je vais *plier bagage.*
③ Mon *bagage* musical n'est pas énorme.

Bagatelle ▸ bagatelle, vétille
Ärgere dich nicht, das ist doch nur eine *Bagatelle!*

bagatelle (f) ▸ ① **Bagatelle** ② **kleine, bescheidene Summe** ③ **Sex**
① Ils se sont disputés pour une *bagatelle.*
② J'ai acheté cet ancêtre pour la *bagatelle* de 5.000 euros.
③ Mon oncle a toujours été porté sur la *bagatelle.*

Baiser ▸ Schaumgebäck
Baisers findet man nicht bei jedem Bäcker.

baiser (m) ▸ ① **Kuss** ② **Grüße**
① Elle ne voulait même pas que je lui donne un *baiser* sur la joue.
② Bons *baisers* de Russie !

Balance ▸ équilibre
Ich verlor die *Balance* und fiel hin.

balance (f) ▸ ① **Waage** ② **Bilanz** ③ **den Ausschlag geben**
① Les *balances* des magasins sont contrôlées régulièrement.
② La *balance* commerciale nous est défavorable.
③ Cela *fera pencher la balance* en notre faveur.

balancieren ▸ tenir en équilibre
Man sieht in dem Film, wie die Einheimischen schwere Körbe auf dem Kopf *balancieren.*

balancer ▸ ① **schlenkern** ② **schaukeln** ③ **hinschmeißen** ④ **hinausschmeißen** ⑤ **verpfeifen**
① Ne *balance* pas toujours les bras en marchant !
② Attention, la barquette *balance !*
③ J'ai envie de tout *balancer.*
④ Je vais *balancer* cette TV par la fenêtre.
⑤ J'ai été *balancé* par un collègue.

B

Banderole ▸ ① **bande fiscale** ② **banderole**
① Er verkauft Zigarettenschachteln ohne *Banderole.*
② Auf den Ostermärschen konnte man viele *Banderolen* gegen die Aufrüstung sehen.
banderole (f) ▸ ① **Banderole** ② **Wimpel**
① Les syndicalistes portaient tous une *banderole.*
② Les *banderoles* flottaient au vent.

Benzin ▸ **essence**
Bald werden Autos, die mit *Benzin* fahren, nicht mehr zugelassen.
benzine (f) ▸ **Reinigungsbenzin**
N'oublie pas de me ramener un litre de *benzine.*

Biskuit ▸ **génoise**
In unserer Bäckerei finden Sie das feinste *Biskuit.*
biscuit (m) ▸ **Keks**
Je mange toujours un *biscuit* avec mon café.

blamabel ▸ **humiliant, honteux**
Das war für die Mannschaft eine *blamable* Niederlage.
blâmable ▸ **tadelnswert**
C'est une opinion que je trouve *blâmable.*

blamieren ▸ **ridiculiser**
Er hat sich nicht geschämt, mich öffentlich zu *blamieren.*
blâmer ▸ **tadeln, rügen**
Il m'a *blâmé* pour ma remarque désobligeante.

Blatt ▸ ① **feuille** ② **feuille**
① Ich brauche ein neues *Blatt* Papier.
② An dem Baum hing kein einziges *Blatt* mehr.
blatte (f) ▸ **Schabe**
Je ne m'attendais pas à trouver des *blattes* dans une chambre d'hôtel.

Blessur ▸ **leichte Verletzung** (Sport)
Ich habe mir ein paar *Blessuren* zugezogen.
blessure (f) ▸ **Verletzung, Verwundung**
Tu dois voir un médecin pour faire soigner ta *blessure.*

Boxer ▸ ① **boxeur** ② **boxer**
① Max Schmeling war ein großer deutscher *Boxer.*
② Ein *Boxer* kann auch ein mittelgroßer Hund sein.
boxer (m) ▸ **Boxer** (2)
Un *boxer* est un chien de garde à poil ras.

brav ▸ **sage, gentil**
Wenn du *brav* bist, darfst du mitgehen.
brave ▸ ① **mutig** ② **gut, lieb**
① Napoléon pensait que tous ses soldats étaient *braves.*
② Mon voisin est un peu simple, mais c'est un *brave* homme.

Bravour/Bravur ▸ ① **virtuosité** ② **courage**
① Der Solist hat das Konzert mit *Bravour* gemeistert.
② Die Soldaten haben mit goßer *Bravour* gekämpft.
bravoure (f) ▸ **Bravour**, **Mut, Schneid**
Les soldats ont combattu avec *bravoure.*

Büro ▸ **bureau** (1)
Ich muss noch einmal schnell ins *Büro.*
bureau (m) ▸ ① **Büro** ② **Schreibtisch**
① Je travaille dans un *bureau.*
② Va me chercher les documents qui se trouvent sur mon *bureau.*

C

Café ▸ **salon de thé**
Wir trafen uns in einem *Café* zu einem Stück Kuchen mit Kaffee.
café (m) ▸ **Kneipe**
Dans ce *café* ils ont vingt sortes de bière.

Caravan ▸ **caravane**
Wir sind mit einem *Caravan* durch ganz Frankreich gezogen.
caravane (f) ▸ ① **Caravan, Wohnwagen** ② **Karawane**
① Nous avons parcouru toute la France en *caravane.*
② Dans le désert, les indigènes se déplaçaient en *caravane.*

changieren ▸ **changer de couleur, chatoyer**
Sehen Sie, wie dieser Stoff *changiert?*
changer ▸ **(ver)ändern**
Tu as *changé* la décoration ?

Chanson ▸ **chanson d'un cabaret littéraire**
Die *Chansons* von Wolf Biermann fanden großen Anklang.
chanson (f) ▸ **Lied, Schlager**
Charles Aznavour a écrit de nombreuses *chansons.*

C

Charge ▸ les personnes haut placées

Die höheren *Chargen* der Partei waren mit meiner Kandidatur nicht einverstanden.

charge (f) ▸ ① **Belastung** ② **Last, Bürde**

① La *charge* maximale est de 20 tonnes.

② C'est une *charge* que je ne peux pas assumer.

Chauffeur ▸ chauffeur professionnel

Der Chef hat einen neuen *Chauffeur* eingestellt.

chauffeur (m) ▸ **Fahrer**

Le *chauffeur* disait qu'il n'était pas responsable de l'accident.

chauffieren ▸ conduire en voiture

Die Kinder des Ministers werden mit dem Dienstwagen zur Schule *chauffiert.*

chauffer ▸ ① **heizen** ② **erhitzen**

① C'était une grande maison, difficile à *chauffer.*

② Il faut *chauffer* le lait à petit feu.

Chiffon ▸ gaze

Sie trug ein teures Abendkleid aus *Chiffon.*

chiffon (m) ▸ **Lumpen, Lappen**

Dans le temps, mon oncle vendait des *chiffons.*

Chiffre ▸ numéro (d'identification d'une annonce)

Antworten unter *Chiffre* 234

chiffre (m) ▸ ① **Ziffer** ② **Chiffrierabteilung**

① Il y a longtemps qu'on n'utilise plus les *chiffres* romains.

② Cet officier travaille au service du *chiffre.*

Chose ▸ ① **affaire** ② **tout le bazar**

① Ich hoffe, dass Sie die *Chose* für mich erledigen können.

② *Die ganze Chose* interessiert mich nicht mehr.

chose (f) ▸ **Sache, Ding**

Ce n'est pas une *chose* facile.

Christ ▸ chrétien

Ein guter *Christ* darf so etwas nicht tun.

Christ (m) ▸ **Christus**

Jésus est aussi appelé ‹le *Christ*›.

Clochard ▸ clochard de grandes villes françaises

Die *Clochards* von Paris sind weltbekannt.

clochard (m) ▸ **Penner**

Dans les grandes villes il y a de plus en plus de *clochards.*

Conférencier ▸ présentateur, animateur
In seinem Kabarett trat er auch als *Conférencier* auf.
conférencier (m) ▸ **Redner**
Qui est le *conférencier* qui introduira le débat ?

Cordon bleu ▸ cordon-bleu
Machst du heute mal ein *Cordon bleu?*
cordon-bleu (m) ▸ ① **fabelhafte Köchin** ② **Cordon bleu**
① Ma femme est un vrai *cordon-bleu.*
② Un *cordon-bleu* peut aussi être une escalope panée farcie de jambon et de fromage.

D

Coupé ▸ ① coupé ② compartiment (dans un train)
① Ich habe mir gestern ein tolles *Coupé* gekauft.
② In dem *Coupé* saßen noch zwei andere Leute.
coupé (m) ▸ **Coupé**
Ce *coupé* Mercedes n'est pas bon marché.

Couplet ▸ chanson satirique (au cabaret littéraire)
Der Kabarettist gab wieder ein paar satirische *Couplets* zum Besten.
couplet (m) ▸ ① **Strophe** ② **Lieblingsthema, alte Leier**
① Cette chanson comprend une dizaine de *couplets.*
② Il est revenu avec son *couplet* sur le racisme.

D

Date ▸ rendez-vous
Hast du schon ein *Date* mit diesem Mädchen?
date (f) ▸ **Datum**
On n'a pas encore fixé de *date* pour la rencontre.

Daten ▸ ① dates ② données
① Ich habe noch keine *Daten* für die nächsten Treffen.
② Nachdem ich gehackt worden war, waren alle *Daten* auf meinem Computer verschwunden.
dates (Mz) ▸ **Daten**
Je n'ai pas encore de *dates* pour nos prochaines rencontres.

Debüt ▸ les débuts (Mz!)
Das *Debüt* diese jungen Geigers konnte sich sehenlassen.
début (m) ▸ **Anfang**
Tous les *débuts* sont difficiles.

Delikatesse ▸ ① **morceau, mets de choix** ② **délicatesse**
① Dieses Dessert war eine *Delikatesse.*
② Viel *Delikatesse* hast du ja nicht!
délicatesse (f) ▸ **Delikatesse, Feingefühl**
Je me suis tu par *délicatesse.*

D

Demonstration ▸ **manifestation**
Die *Demonstration* verlief ohne Zwischenfälle
démonstration (f) ▸ **Beweis, Beweisführung**
La *démonstration* de ce théorème n'est pas aisée.

demonstrieren ▸ **manifester**
Viele Leute haben gegen die Covid-Einschränkungen *demonstriert.*
démontrer ▸ **beweisen**
Cela *démontre* qu'une réforme est absolument nécessaire.

desinteressiert ▸ **indifférent, qui n'est pas intéressé par qqch**
Ich habe nicht mehr zugehört, denn ich war ganz und gar *desinteressiert.*
désintéressé ▸ **selbstlos, uneigennützig**
Dans cette affaire, j'agis de façon totalement *désintéressée.*

Dessin ▸ **motif** (sur une étoffe)
Das *Dessin* auf deinem neuen Kleid gefällt mir nicht.
dessin (m) ▸ ① **Zeichnen** ② **Zeichnung**
① À l'école, je n'étais pas très fort en *dessin.*
② Ton *dessin* de la cathédrale n'est pas très ressemblant.

devot ▸ **servile, obséquieux**
Ich hasse Leute, die sich so *devot* benehmen.
dévot ▸ **fromm**
Cette bigotte est tellemont *dévote* que ça en devient gênant.

dezent ▸ **discret**
Dein *dezentes* Parfüm gefällt mir wirklich sehr.
décent ▸ ① **schicklich** ② **anständig**
① Ta conduite n'était pas très *décente.*
② Tout travail mérite un salaire *décent.*

dezidiert ▸ **bien arrêté**
Du hast immer sehr *dezidierte* Meinungen.
décidé ▸ **entschlossen**
D'un air *décidé* il entra dans la pièce.

Diaphragma ▸ ① diaphragme ② diaphragme

① Das *Diaphragma* oder Zwerchfell ist die Scheidewand zwischen Brust- und Bauchhöhle.

② Das *Diaphragma* kann auch ein mechanisches Verhütungsmittel sein, das in die Scheide eingeführt wird.

diaphragme (m) **▸ ① Diaphragma ② Diaphragma ③ Membrane in einem Lautsprecher ④ Blende**

① Le *diaphragme* sépare le thorax de l'abdomen.

② Le *diaphragme* peut aussi être un préservatif féminin.

③ Les hauts parleurs ont une membrane vibrante appelée *diaphragme.*

④ On fait varier l'ouverture du *diaphragme* d'un appareil photographique en fonction de la lumière.

Diktat ▸ ① dictée ② diktat

① In deinem *Diktat* waren viel Fehler.

② Das Versailler *Diktat* war den Deutschen ein Greuel.

diktat (m) **▸ Diktat**

Le *dictat* de Versailles n'a jamais été accepté par les Allemands.

Diner ▸ repas festif

Das deutsche *Diner* ist festlicher als das französische dîner.

dîner (m) **▸ Mittag- oder Abendessen.**

Le *dîner* en France n'est pas nécessairement festif.

Dirigent ▸ chef d'orchestre

Karajan war ein berühmter *Dirigent.*

dirigeant (m) **▸ Führende Persönlichkeit, Führer, Leiter**

Le *dirigeant* d'une entreprise s'entend rarement avec un dirigeant de syndicat.

Disput ▸ débat, controverse

Mit seinem Kontrahenten führte der Redner einen langen, fruchtlosen *Disput.*

dispute (f) **▸ Streit, Streitigkeiten**

Je n'aime pas les *disputes ;* elles ne servent à rien.

Dissertation ▸ thèse de doctorat

Meine *Dissertation* handelte von den Germanismen im modernen Niederländisch.

dissertation (f) **▸ Aufsatz**

À l'école, les élèves doivent tous les mois faire une *dissertation* sur un auteur classique.

E

Dom ▸ **cathédrale**
Der *Dom* zu Köln ist einer der schönsten Deutschlands.
dôme (m) ▸ **Kuppel**
À Paris, tout le monde connaît le *Dôme* des Invalides.

Dose ▸ **boîte**
Ich habe noch eine *Dose* Erbsen für heute Abend.
dose (f) ▸ **Dosis**
J'ai déjà reçu mes deux *doses* de vaccin.

Double ▸ ① **doublure** ② **double, sosie**
① In diesem Film war er das *Double* von Kirk Douglas.
② Man sagt ja, jeder Mensch hätte irgendwo auf der Welt sein *Double.*
double (m) ▸ ① **Doppelte** ② **Doppel(spiel)** ③ **Zweitschlüssel** ④ **Double, Doppelgänger**
① Je suis prêt à payer le *double.*
② Je suis trop vieux pour jouer des simples, je ne joue plus que les *doubles.*
③ J'ai fait faire un *double* de mes clés.
④ On dit que chacun a son *double* quelque part dans le monde.

Doublé ▸ **doublé, plaqué**
Das ist keine goldene Uhr, die ist aus *Doublé.*
doublé (m) ▸ ① **Doublé** ② **Doppelerfolg**
① Ma femme s'est achetée un bracelet en *doublé.*
② Notre club de foot a fait un *doublé* contre ses deux poursuivants.

E

effektiv ▸ ① **efficace** ② **réel, effectif**
① Die Wirkung deines Auftritts war nicht sehr *effektiv.*
② Bei einem Zinssatz von 7 % und einer Inflation von 5 %, sind die *effektiven* Zinsen nur 2 %.
effectif ▸ **in Kraft treten, wirksam werden**
La loi ne deviendra *effective* qu'à partir du 1er janvier.

Eklat ▸ **éclat**
Nach diesem Zwischenruf kam es zum *Eklat.*
éclat (m) ▸ ① **Splitter** ② **Donnerschlag** ③ **schallend** ④ **Eklat**
① On trouva des *éclats* de bombe un peu partout.
② Subitement, il y eut un *éclat de tonnerre.*

③ À ces mots, tout le monde rit *aux éclats.*
④ Il faut absolument éviter un *éclat.*

eklatant ▸ **flagrant, manifeste**
Das Vorhaben wies *eklatante* Mängel auf.
éclatant ▸ ① **strahlend** ② **durchschlagend**
① Avec notre lessive, vos chemises seront d'un blanc *éclatant.*
② Nous avons remporté un succès *éclatant.*

E

Eleve ▸ **élève de théâtre ou de ballet**
Alle großen Balletttänzer träumen von hochbegabten *Eleven.*
élève (m/f) ▸ **Schüler**
Je fais partie de l'association des anciens *élèves.*

Etablissement ▸ ① **établissement** ② **bordel**
① Das ist eins der allerbesten *Etablissements* der Stadt.
② Ich verkehre nicht in solchen *Etablissements!*
établissement (m) ▸ ① **Etablissement** ② **Niederlassung**
① C'est un des meilleurs *établissements* de la ville.
② Il ne s'agit là que d'un des *établissements* de notre entreprise.

Etat ▸ **Staatshaushalt**
Der Finanzminister wird morgen den *Etat* vorlegen.
état (m) ▸ **Zustand** (fast immer kann *état* mit ‚Zustand' übersetzt werden)
Mon *état* général est bon.

Exempel ▸ ① **exemple** ② **la preuve que quelque chose est juste**
① In diesem Fall müssen wir ein *Exempel* statuieren.
② *Die Probe aufs Exempel.*
exemple (m) ▸ ① **Beispiel** ② **Exempel** (ein – statuieren)
① Tu peux me donner un *exemple ?*
② Il a été exécuté pour *l'exemple.*

exklusiv ▸ ① **sélect** ② **en exclusivité**
① Dies ist ein sehr *exklusives* Restaurant.
② Ich könnte Ihnen ein *exklusives* Interview geben.
exclusif ▸ ① **alleinig** ② **Alleinvertreter**
① Ma préoccupation *exclusive* est votre santé.
② Vous serez mon *représentant exclusif.*

extra ▸ ① **séparément** ② **supplémentaire** ③ **très** ④ **expressément**
① Das Übungsbuch war nochmal *extra* verpackt.
② Ich bräuchte noch ein *extra* Zimmer.
③ Dieser Zucker ist *extra* fein.
④ Ich habe es *extra* für dich gekauft.
extra ▸ ① **erstklassig** ② **toll, spitze**
① C'est un vin *extra.*
② C'est *extra !*

F

F

familiär ▸ ① **familial** ② **amical, décontracté**
① Das musste ich aus *familiären* Gründen tun.
② Bei uns im Betrieb herrscht eine *familiäre* Atmosphäre.
familier ▸ ① **vertraut** ② **vertraulich**
① Cette machine m'est devenue *familière.*
② Son ton me semble un peu trop *familier.*

famos ▸ **épatant**
Das war die *famose* Idee eines *famosen* Kerls.
fameux ▸ ① **berühmt** ② **gewaltig, riesig**
① C'est un des écrivains les plus *fameux.*
② Tu as fait une *fameuse* bêtise !

Fanal ▸ **signal**
Das war das *Fanal* zum Aufstand.
fanal (m) ▸ ① **Positionslicht** ② **Windlicht, Laterne**
① Le *fanal* du navire était à peine visible.
② Le passeur m'attendait avec un *fanal* à la main.

Fantasie ▸ ① **imagination** ② **fantasme**
① Du hast eine lebhafte *Fantasie.*
② Du hast eine krankhafte *Fantasie.*
fantaisie (f) ▸ ① **Laune** ② **Fantasie** ③ **Laune** ④ **Extravaganz**
① Donner libre cours à sa *fantaisie.*
② Tu n'as aucune *fantaisie.*
③ Elle me passe toutes mes *fantaisies.*
④ C'est une nouvelle *fantaisie* vestimentaire.

Farce ▸ ① **plaisanterie, farce** ② **farce**
① Die ganze Wahl war eine *Farce.*
② Die *Farce* der Gans war ausgezeichnet.
farce (f) ▸ ① **Streich** ② **Farce** ③ **Farce**
① Je crois que tu as voulu me faire une *farce.*
② Toute cette affaire a tourné à la *farce.*
③ La *farce* était garnie de poivrons et de tomates.

fatal ▸ ① **fatal** ② **pénible, désagréable**
① Das war ein *fataler* Irrtum.
② Das ist eine *fatale* Angelegenheit.
fatal ▸ ① **fatal** ② **tödlich**
① C'était une erreur *fatale.*
② Il faut s'attendre à une issue *fatale.*

favorisiert ▸ ① **favorisé** ② **favori** (m)
① Durch seine starke Wirtschaft ist Deutschland in Europa *favorisiert.*
② Köln ist der *favorisierte Sieger.*
favorisé ▸ **favorisiert**
Je n'appartiens pas à une classe sociale *favorisée.*

Fête ▸ **soirée, petite fête intime**
Organisieren die Studenten auch dieses Jahr wieder eine *Fête?*
fête (f) ▸ **Fest**
À la *fête* pour mon anniversaire, il y avait une vingtaine de personnes.

feudal ▸ ① **féodal** ② **somptueux, fastueux**
① Im Mittelalter empfand man eine *feudale* Gesellschaftsstruktur als normal.
② Der Empfang war ganz einfach *feudal.*
féodal ▸ **feudal**
La structure *féodale* au Moyen Âge était considérée comme normale.

Fiche ▸ **microfiche**
Auf dem *Fiche* waren Daten gespeichert, die man nur mit einem Lasergerät lesen konnte.
fiche (f) ▸ ① **Stecker** ② **Karteikarte, Zettel**
① Si tu mets la *fiche* convenablement dans la prise, cela marchera.
② Il y a longtemps que les bibliothécaires ne travaillent plus avec des *fiches.*

fidel ▸ **gai, joyeux**
Dein Freund ist eine *fideler* Kerl, der gefällt mir.
fidèle ▸ **treu**
Il semble que les maris soient moins *fidèles* que leurs épouses.

Figur ▸ ① **statuette** ② **pion, pièces** ③ **ligne** ④ **elle est bien foutue** ⑤ **figure**

① Gestern ist eine *Figur* aus dem 8. Jahrhundert aus dem Museum gestohlen worden.
② Wie viele *Figuren* stehen auf einem Schachbrett?
③ Du solltest mehr auf deine *Figur* achten!
④ Ihr Gesicht ist nicht sehr hübsch, sie hat aber eine gute *Figur.*
⑤ Eine *Figur* aus der Geschichte, der Literatur, der Geometrie.

F

figure (f) ▸ ① **Gesicht** ② **Figur**

① Je n'aime pas sa *figure.*
② Une *figure* de l'histoire, de la littérature, de la géométrie.

Filet ▸ **filet**

Rinder*filet* schmeckt mir besser als Kalbs*filet.*

filet (m) ▸ ① **Filet** ② **Netz** ③ **dünner Wasserstrahl**

① Je préfère le *filet* de boeuf au *filet* de veau.
② J'ai été pris dans les *filets* de ce manipulateur.
③ Il n'y a plus qu'un *filet d'eau* qui s'écoule du robinet.

Filiale ▸ **succursale**

Wie viele *Filialen* haben Sie denn in der Stadt?

filiale (f) ▸ **Tochtergesellschaft**

Nous avons ouvert une *filiale* aux États-Unis.

Flair ▸ **charisme, aura**

Diese Frau hat ein gewisses *Flair.*

flair (m) ▸ **Spürsinn**

Un bon détective doit avoir du *flair.* (*flairer* = riechen)

Fraktion ▸ **groupe parlementaire**

Unsere *Fraktion* steht geschlossen hinter ihrem Vorsitzenden.

fraction (f) ▸ **Bruchteil**

Ce que tu me racontes là, n'est qu'une *fraction* de la vérité.

Fräse ▸ ① **fraise** ② **fraise**

① Katholische Geistliche tragen keine *Fräse.*
② In der Berufsschule lernen die Schüler auch mit einer *Fräse* umzugehen.

fraise (f) ▸ ① **Fräse** ② **Fräse** ③ **Erdbeere** ④ **Fresse**

① Les prêtres catholiques ne portent pas de *fraise.*
② La *fraise* sert surtout à travailler le bois.
③ En hiver, on importe des *fraises* d'Israël
④ Si tu ramènes ta *fraise,* tu vas passer un mauvais quart d'heure !

frisieren ▸ ① **coiffer** ② **falsifier, trafiquer** ③ **trafiquer**

① Der Friseur hat dich nicht richtig *frisiert.*

② Der Buchhalter hat die Bilanz *frisiert.*

③ Nachdem ich den Motor *frisiert* hatte, schaffte er auch die 250 km/h.

friser ▸ ① **in Locken legen** ② **an etwas grenzen**

① Tu n'as pas besoin de te faire *friser* les cheveux, tu as des boucles naturelles.

② Ton comportement *frise* la grossièreté.

Frittüre ▸ ① **friture** ② **friture**

① Ist die *Frittüre* schon heiß genug?

② Heute hat die *Frittüre* mir nicht geschmeckt.

friture (f) ▸ ① **Frittüre** ② **frittiert** (Speisen) ③ **Rauschen**

① Est-ce que la *friture* est déjà prête ?

② Elle nous avait préparé une *friture* de petite poissons.

③ Je ne t'entends pas bien, il y a de la *friture* sur la ligne.

Fundament ▸ ① **fondations** ② **bases**

① Das *Fundament* des Gebäudes ist nicht sehr solide.

② Diese Wahlen werden das *Fundament* der Demokratie legen.

fondement (m) ▸ ① **Grundlage** ② **Grundlage** ③ **Grundlage**

① La religion se veut le *fondement* de la morale.

② Les Capétiens ont posé le *fondement* de la royauté française.

③ C'était une rumeur sans *fondement.*

Funktionär ▸ **permanent**

In den achtziger Jahren war ich *Funktionär* der Demokratischen Arbeiterpartei.

fonctionnaire (m/f) ▸ **Beamter/Beamtin**

Il s'agit clairement d'un cas de corruption de *fonctionnaire.*

G

Gage ▸ **cachet**

Die *Gage* für meinen Auftritt war nicht sehr hoch.

gage (m) ▸ ① **Garantie** ② **Pfand**

① Pour pouvoir obtenir le prêt, j'ai dû donner ma maison en *gage.*

② Chaque fois que tu perds, tu dois donner un *gage.*

Garage ▸ garage
Dieses Auto ist zu lang, es passt nicht in meine *Garage.*
garage (m) ▸ ① **Garage** ② **Autowerkstatt**
① Cette voiture est trop longue pour mon *garage.*
② Ma voiture ne freine plus convenablement, je dois la mettre au *garage.*

Garderobe ▸ ① **vestiaire** ② **garde-robe** ③ **loge**
① Den Mantel können Sie an der *Garderobe* abgeben.
② Meine Frau meint, sie brauche eine neue *Garderobe.*
③ Jeder Künster hat hier seine eigene *Garderobe.*
garde-robe (f) ▸ **Garderobe**
Mon mari me presse de renouveler ma *garde-robe.*

Generalist ▸ généraliste
Ich habe mich nicht zu sehr spezialisiert, ich bin mehr ein *Generalist.*
généraliste (m/f) ▸ ① **Generalist** ② **Hausarzt**
① Je suis plus un *généraliste* qu'un spécialiste.
② Il y a maintenant plus de médecins spécialistes que de *généralistes.*

Geste ▸ ① **geste** ② **geste**
① Der Hausherr machte eine drohende *Geste.*
② Die Einladung war eine *Geste* der Versöhnung.
geste (m) ▸ ① **Geste** ② **Geste** ③ **Bewegung**
① Il fit un *geste* menaçant.
② C'est un beau *geste* de ta part.
③ Pas un *geste !*

Granate ▸ ① **grenade** ② **boulet de canon**
① Der Feind bewarf uns mit *Granaten.*
② Der Schuss aufs Tor war eine *Granate.*
grenade (f) ▸ ① **Granate** ② **Granatapfel**
① L'ennemi nous lançait des *grenades.*
② Ma grand-mère a préparé un sirop de *grenade.*

Gymnasium ▸ lycée
Nächstes Jahr geht unser Sohn aufs *Gymnasium.*
gymnase (m) ▸ **Turnhalle**
Notre école dispose aussi d'un grand *gymnase.*

H

Habilitation ▸ habilitation de l'enseignement supérieur

Ein Dotortitel genügt nicht, um Professor werden zu können, man braucht auch eine *Habilitation.*

habilitation (f) ▸ ① **Ermächtigung** ② **Habilitation**

① Le juge me demanda si j'avais une *habilitation* pour représenter mon père.

② Je ne peux pas encore devenir professeur d'université, car je n'ai pas encore *l'habilitation.*

habilitieren ▸ donner l'habilitation de l'enseignement supérieur

Ich wurde 1979 an der Uni Lüttich *habilitiert.*

habiliter ▸ ermächtigen

Je suis *habilité* à passer ce contrat au nom du ministre.

hantieren ▸ ① **s'affairer** ② **chipoter**

① Mutter *hantiert* in der Küche.

② Du *hantierst* jetzt schon eine Stunde mit diesem Schraubenschlüssel!

hanter ▸ ① **spuken** ② **keine Ruhe lassen**

① Un esprit *hante* cette maison.

② Cette idée me *hante.*

Hase ▸ lièvre

Ich konnte den *Hasen* nicht treffen, denn er schlug dauernd Haken.

hase (f) ▸ **Häsin**

La *hase* a de nouveau fait des petits.

honorieren ▸ ① **apprécier à sa juste valeur** ② **rétribuer**

① Der Chef hat meine Dienste nicht *honoriert.*

② Meine Arbeit wird schlecht *honoriert.*

honorer ▸ ① **ehren** ② **Ehre machen**

① Il faut *honorer* ses parents.

② Cette franchise t'*honore.*

Humor ▸ humour

Sehr viel *Humor* hast du ja nicht!

humeur (f) ▸ **Laune**

Comment se fait-il que tu es toujours de mauvaise *humeur ?*

Hütte ▸ ① **cabane, hutte** ② **refuge**

① Die Kinder haben sich eine *Hütte* im Wald gebaut.

② Berg*hütte*, Ski*hütte*

hutte (f) ▸ **Hütte**

J'habitais dans une misérable *hutte*.

I

I

immatriculieren ▸ **inscrire à l'université**

Unsere Universität hat dieses Jahr 1.500 neue Studenten *immatrikuliert*.

immatriculer ▸ **anmelden**

Notre nouvel employé n'a pas encore été *immatriculé* à la Sécurité Sociale.

impotent ▸ **impuissant**

Weil ihr Mann *impotent* geworden war, ließ seine Frau sich scheiden.

impotent ▸ **gebrechlich**

Mon grand-père est devenu un viellard *impotent*.

Inauguration ▸ **installation** (dans une haute fonction)

Die *Inauguration* des neuen Bundespräsidenten war grandios.

inauguration (f) ▸ **Eröffnung** (Autobahn), **Einweihung** (Schule)

L'inauguration de l'exposition a été un plein succès.

Index ▸ ① **index** ② **index** ③ **indice**

① Der *Index* befindet sich am Ende des Buches.

② Dieses Buch stand vor Jahren noch auf dem *Index* der katholischen Kirche.

③ Der *Index* der Lebenshaltungskosten ist während der Pandemie nicht nennenswert gestiegen.

index (m) ▸ ① **Zeigefinger** ② **Index** ③ **Index**

① Pour me faire taire, elle mit *l'index* sur sa bouche.

② *L'index* se trouve à la fin du livre.

③ Ce livre a longtemps été à *l'index*.

indiskutabel ▸ **inadmissible**

Diese Forderung ist einfach *indiskutabel*.

indiscutable ▸ **unbestreitbar**

C'est une preuve *indiscutable* de sa culpabilité.

indisponiert ▸ indisposé

Das Konzert konnte nicht stattfinden, denn der Sänger war *indisponiert.*

indisposé ▸ ① indisponiert, unpässlich ② ihre Periode, Tage haben

① Le violoniste ne jouera pas ce soir, il est *indisposé.*

② Il ne faut pas me demander de faire l'amour quand je suis *indisposée.*

Indiz ▸ ① indices, présomptions ② indication, signe

① Das Urteil konnte sich nur auf *Indizien* stützen.

② Der gestrige Börsensknick ist ein sicheres *Indiz* für einen Börsenkrach.

indice (m) **▸ ① Zeichen ② Indizien ③ Index ④ Index**

① L'apparition des jonquilles est un *indice* du printemps.

② On ne devrait pas juger les gens sur des *indices* ou de simples présomptions.

③ *L'indice* du coût de la vie n'a pas augmenté.

④ *L'Indice* Dow-Jones est de nouveau en hausse.

I

infantil ▸ puéril

Du hast dich wieder mal von deiner *infantilen* Seite gezeigt!

infantile ▸ ① Kinderkrankheit ② kindisch, infantil

① La rougeole est une *maladie infantile.*

② Ton comportement a été *infantil.*

inflexibel ▸ rigide

Der Mann lässt nicht mit sich reden, der kann so *inflexibel* sein!

inflexible ▸ unnachgiebig, unbeugsam

L'avocat plaida la clémence, mais le juge resta *inflexible.*

Infusion ▸ perfusion

Das Medikament wurde durch *Infusion* in die Ader eingeführt.

infusion (f) **▸ Kräutertee**

Tous les matins, je bois mon *infusion.*

inkonsistent ▸ inconséquent

Dein Verhalten war total *inkonsistent.*

inconsistant ▸ nicht stichhaltig

Il s'agit là d'une argumentation *inconsistante.*

inserieren ▸ passer, insérer une annonce

Ich habe mein Auto in mehrere Zeitungen *inseriert.*

insérer ▸ ① in etwas schieben, legen ② aufnehmen

① Il faudrait *insérer* une feuille de corrections dans le livre.

② Je voudrais que la clause suivante soit *insérée* dans l'acte.

Intendant ▸ directeur (Theater, Rundfunk- und Fernsehanstalt)
Unser Theater hat einen neuen *Intendanten.*
intendant (m) **▸ Verwalter**
On m'a nommé *intendant* du domaine.

Interpret ▸ interprète
Walter Gieseking war einer der großen Beethoven*interpreten.*
interprète (m/f) ▸ ① **Interpret** ② **Dolmetscher**
① Walter Gieseking était un des grands *interprètes* des oeuvres de Beethoven.
② À Bruxelles, il y a une école *d'interprètes.*

Isolation ▸ ① **isolement** ② **isolation**
① Die *Isolation* der Kranken ist unerlässlich.
② Die *Isolation* ihrer Elektrizitätskabel ist ungenügend.
isolation (f) ▸ ① **Isolation** ② **Isolierung**
① *L'isolation* de vos câbles doit être refaite.
② *L'isolation* des maisons est notre première priorité.

J

J

Jackett ▸ veste
Mein Handy hatte ich in der *Jackett*tasche.
jacquette (f) ▸ ① **Schutzumschlag** (um ein Buch) ② **Cut**
① La *jaquette* du livre était un peu déchirée.
② Les amis du marié étaient tous en *jaquette.*

Jalousie ▸ jalousie
Lässt du mal die *Jalousien* herab?
jalousie (f) ▸ ① **Eifersucht** ② **Jalousie**
① La *jalousie* peut tuer quelqu'un à petit feu.
② J'ai le soleil dans les yeux ; tu peux baisser les *jalousies ?*

Journal ▸ journal (commerce)
Du musst noch etwas ins *Journal* eintragen. Es liegt neben dem Hauptbuch.
journal (m) ▸ ① **Zeitung** ② **Tagebuch**
① Mon *journal* n'a pas encore parlé de cette affaire.
② Beaucoup de grands écrivains ont tenu un *journal.*

K

Kabine ▸ ① **cabine** ② **cabine** ③ **isoloir** ④ **cabine** ⑤ **cabine d'essayage** ⑥ **cabine**

① Auf einem Schiff ist die *Kabine* meistens für einige Passagiere, in einem Flugzeug ist sie für alle Passagiere.
② Wenn Sie schwimmen gehen, ist es gut, wenn Sie über eine *Kabine* verfügen können.
③ Um Ihren Wahlzettel auszufüllen, können Sie in eine der *Kabinen* gehen.
④ Die Fahrstuhl*kabine* war gerammelt voll.
⑤ Es stehen Ihnen drei *Umkleidekabinen* zur Verfügung.
⑥ Die Dusch*kabinen* befinden sich im Nebenraum.

cabine (f) ▸ ① **Fahrerhaus** ② **Kabine** ③ **Zelle** ④ **Kabine** ⑤ **Kabine** ⑥ **Kabine**

① Le chauffeur du camion ne voulait pas quitter sa *cabine.*
② Sur le bateau, j'ai réservé une *cabine* double.
③ Sait-on de quelle *cabine* téléphonique le suspect a téléphoné ?
④ Vous avez là trois *cabines* d'essayage.
⑤ Les *cabines* de douche sont dans la pièce d'à côté.
⑥ La *cabine* de l'ascenseur était pleine à craquer.

K

Kabinett ▸ ① **cabinet** ② **cabinet** ③ **cru classé**

① Der Kanzler stellt morgen sein *Kabinett* vor.
② Im Museum befindet sich auch ein *Kabinett* mit allerlei Raritäten.
③ ‚*Kabinett* ist ein Wein der untersten Kategorie der Qualitätsweine mit Prädikat.' (Duden)

cabinet (m) ▸ ① **Toilette** ② **Kabinett** ③ **Praxis** ④ **Kanzlei** ⑤ **Kabinett**

① Le *cabinet* se trouve au premier à gauche.
② Dans le musée, il y a un *cabinet* d'objets rares.
③ Si vous voulez que je vous examine, il faut venir au *cabinet.*
④ Cet avocat a un gros *cabinet.*
⑤ Mon frère vient d'être nomme chef de *cabinet* du ministre.

Kadaver ▸ **cadavre**

Der *Kadaver* der überfahrenen Katze lag stundenlang auf der Straße.

cadavre (m) ▸ ① **Leichnam** ② **Kadaver**

① Il faut envoyer le *cadavre* au légiste.
② Le *cadavre* du chat écrasé se trouve toujours sur la route.

Kader ▸ cadre

Der *Kader* ist die Kerntruppe eines Heeres oder der Stamm eines Sportvereins.

cadre (m) ▸ ① **Rahmen** ② **Rahmen** ③ **im Grünen** ④ **Führungskraft** ⑤ **Funktionär**

① Le *cadre* de ce tableau ne me plait pas.
② Le *cadre* d'un vélo de course doit être très léger.
③ Je préfère habiter *dans un cadre de verdure.*
④ Les jeunes *cadres* ne gagnent pas tellement.
⑤ Les *cadres* supérieurs du parti décident de tout.

Kai ▸ quai

Das Schiff liegt noch immer am *Kai.*

quai (m) ▸ ① **Kai** ② **Bahnsteig** ③ **Laderampe** ④ **Seineufer**

① Le bateau est toujours à *quai.*
② Les *quais* de la gare vont être refaits.
③ *Le quai de chargement* se trouve à l'arrière du bâtiment.
④ Les *quais* de la Seine.

K

Kalkül ▸ plan

Das *Kalkül* des Ministers ist nicht aufgegangen.

calcul (m) ▸ ① **Rechnen** ② **Rechnung, Berechnung**

① À l'école, je n'étais pas très fort en *calcul.*
② Il faudra faire le *calcul* des coûts.

Kampagne ▸ ① campagne, action ② campagne

① Wenn Sie so weitermachen, Herr Minister, werden wir eine Presse*kampagne* gegen Sie starten.
② Die Wahl*kampagne* hat noch nicht begonnen.

campagne (f) ▸ ① **auf dem Land** ② **Feldzug** ③ **Aktion** ④ **Kampagne** ⑤ **Kampagne**

① J'aime vivre *à la campagne.*
② La *campagne* de Russie fut néfaste à Napoléon.
③ Demain, nous lançons notre *campagne* commerciale.
④ La *campagne* éléctorale n'a pas encore commencé.
⑤ Nous allons mener une *campagne* contre le gouvernement.

Kanaille ▸ canaille

Mit dieser *Kanaille* will ich nichts zu tun haben.

canaille (f) ▸ ① **Kanaille, Schurke** ② **Schlingel**

① Je ne fréquente pas de telles *canailles.*
② Petite *canaille,* veux-tu bien venir ici !

Kanone ▸ **canon**
Krupp hat nicht nur *Kanonen* produziert.
canon (m) ▸ ① **Kanone** ② **Lauf** ③ **Kanon**
① Krupp était un grand fabricant de *canons.*
② Le *canon* de ce pistolet est fort long.
③ Nous avons chanté en *canon.*

Kap ▸ **Cap**
Das *Kap* der Guten Hoffnung.
cap (m) ▸ ① **Kap** ② **Kurs**
① Le *Cap* de Bonne-Espérance.
② Si cela ne marche pas, il faudra changer de *cap.*

kapital ▸ ① **énorme** ② **majestueux**
① Das war ein *kapitaler* Fehler.
② Gestern habe ich einen *kapitalen* Hirsch erlegt.
capital ▸ ① **enorm wichtig** ② **Todesstrafe**
① Il est *capital* pour nous que cette affaire soit résolue.
② Le procureur a demandé la *peine capitale.*

K

Karawane ▸ ① **caravane** ② **colonne**
① Die *Karawane* zog in drei Wochen durch die Wüste.
② Vor dem Zoll stand eine ganze *Karawane* von Fahrzeugen.
caravane (f) ▸ ① **Karawane** ② **Werbetross** ③ **Wohnwagen**
① La *caravane* traversa le désert en trois semaines.
② Le Tour de France est toujours accompagné d'une *caravane publicitaire.*
③ Comme il avait été expulsé de sa maison, il vivait dans une *caravane.*

Karton ▸ ① **carton** ② **carton**
① Hättest du ein Stück *Karton* für mich?
② In dem *Karton* waren statt drei nur zwei Flaschen.
carton (m) ▸ ① **Karton** ② **Karton** ③ **Packung** ④ **Karte** ⑤ **schießen** ⑥ **Karten spielen**
① J'ai besoin d'une feuille de *carton.*
② Dans le *carton,* il n'y avait que deux bouteilles au lieu de trois.
③ N'oublie pas de rapporter deux *cartons* de lait.
④ Après le deuxième *carton* jaune, le joueur dut quitter le terrain.
⑤ On *a fait un carton* sur le chef de la bande.
⑥ Chaque soir, mon frère va *taper le carton.*

Karussel ▸ manège
Der Kleine möchte noch einmal *Karussel* fahren.
carrousel (m) ▸ ① **Reiterspiel** ② **Förderband** (Flughafen) ③ **Wechsel**
① On ne voit plus que rarement des *carrousels* de cavaliers.
② Fais attention que ta valise ne tombe du *caroussel.*
③ Le remaniement du gouvernement a donné lieu à un *carrousel* de ministres.

Kategorie ▸ catégorie
Ich gehöre nicht zu dieser *Kategorie* von Leuten.
catégorie (f) ▸ ① **Kategorie** ② **Schicht** ③ **Klasse** ④ **Wortart**
① Je n'appartiens pas à cette *catégorie* de gens.
② Cette *catégorie* sociale a le plus souffert de la crise.
③ Dans quelle *catégorie* d'âge joues-tu ?
④ À quelle *catégorie grammaticale* appartient ce mot ?

K

Kavalier ▸ gentleman
Mir gegenüber hat er sich immer wie ein *Kavalier* benommen.
cavalier (m) ▸ **Reiter**
Les *cavaliers* n'ont pas bien tenu leurs cheveaux.

Klassement ▸ classement
Unser Verein ist mit seinem *Klassement* nicht zufrieden.
classement (m) ▸ ① **Klassement, Klassierung** ② **Rangordnung** ③ **Einstellung** (des Verfahrens)
① Notre *classement* ne nous satisfait pas.
② On sera vacciné d'après le *classement* sur la liste.
③ Le procureur a décidé du *classement* de l'affaire.

Klavier ▸ piano
Mein Bruder spielt *Klavier,* ich leider nicht.
clavier (m) ▸ ① **Klaviatur, Tastatur** ② **Tastatur**
① Le *clavier* d'un orgue est plus étendu que le *clavier* d'un piano.
② Le *clavier* de mon ordinateur est défectueux.

Klient ▸ client
Viele Rechtsanwälte haben nicht genug *Klienten.*
client (m) ▸ ① **Klient** ② **Kunde**
① Cet avocat n'a pas beaucoup de *clients.*
② Les prix ont de nouveau augmenté et les *clients* ne sont pas contents.

Koffer ▸ ① **valise** ② **malle**

① Am Flughafen werden alle *Koffer* kontrolliert.

② Haben Sie schon meinen *Koffer* aufs Schiff gebracht?

coffre (m) ▸ ① **Kasten** ② **Kofferraum** ③ **Tresor, Safe**

① Le tournevis se trouve dans le *coffre* à outils.

② Tu peux mettre le sac dans le *coffre* de ma voiture.

③ Les bijoux se trouvent tous dans le *coffre.*

Kollaborateur ▸ **collaborateur**

Nach dem Krieg wurde er als *Kollaborateur* verurteilt.

collaborateur (m) ▸ ① **Mitarbeiter** ② **Kollaborateur**

① Tous mes *collaborateurs* font de l'excellent travail.

② Après la guerre, beaucoup de Français ont été condamnés en tant que *collaborateurs.*

Kolleg ▸ **École permettant à des adultes de passer le bac.**

Ich habe die Hochschulreife in einem *Kolleg* erworben.

collège (f) ▸ ① **Französischer Schultyp im Sekundarbereich** ② **Wählerschaft**

K

① Cette année, notre fils va entrer au *collège.*

② Le *collège électoral* est composé de tous les Français qui ont atteint l'âge de 18 ans.

Kollekte ▸ **quête**

Die diesjährige *Kollekte* hat nicht viel ergeben.

collecte (f) ▸ ① **sammeln** ② **Einsammeln** ③ **Erhebung**

① Nous *faisons* chaque année *une collecte* pour notre association.

② La *collecte* des données n'est pas encore terminée.

③ C'est l'État qui s'occupe de la *collecte* des impôts.

Kollektion ▸ **collection**

Im März wird schon die Sommer*kollektion* präsentiert.

collection (f) ▸ ① **Kollektion** ② **Sammlung** ③ **Sammlerstück**

① En mars, on présente déjà la *collection* d'été.

② Il consacre tout son temps à la *collection* de timbres.

③ Ce vieux pistolet est une *pièce de collection.*

Kolonne ▸ ① **colonne** ② **colonne** ③ **colonne**

① Eine *Kolonne* schwerer Panzer rollte auf uns zu.

② Schreiben Sie die Zahlen in diese *Kolonne!*

③ Die fünfte *Kolonne*

colonne (f) ▸ ① **Konvoi** ② **Spalte** ③ **Kolonne** ④ **Kolonne** ⑤ **Lenksäule** ⑥ **Wirbelsäule**

① Il faut rouler en *colonne.*

② L'article faisait cinq *colonnes.*

③ Toute la journée, j'écris des *colonnes* de chiffres.

④ Une *colonne* blindée s'approchait dangereusement.

⑤ La *colonne de direction.*

⑥ La *colonne vertébrale*

kombinieren ▸ ① **combiner** ② **combiner**

① Das lässt sich gut miteinander *kombinieren.*

② Das hast du gut *kombiniert!*

combiner ▸ ① **kombinieren** ② **kombinieren, aushecken** ③ **verbinden**

K

① Ces deux couleurs sont faciles à *combiner.*

② Il est en train de *combiner* un mauvais coup.

③ Il n'est pas aisé de *combiner* ces deux produits chimiques.

komisch ▸ ① **comique** ② **bizarre** ③ **bizarre, étrange** ④ **bizarre**

① Ich fand den Witz nicht sehr *komisch.*

② Du bist ein *komischer* Typ!

③ Es riecht hier so *komisch!*

④ Ich hab so ein *komisches* Gefühl.

comique ▸ ① **komisch** ② **Komiker**

① Je n'ai pas trouvé la blague très *comique.*

② Louis de Funès était un *acteur comique.*

kommandieren ▸ ① **commander** ② **je n'accepte pas tes ordres**

① Ich *kommandiere* hier und niemand anderes.

② *Ich lasse mich von dir nicht kommandieren!*

commander ▸ ① **kommandieren** ② **bestellen**

① C'est moi qui *commande* ici !

② Puisque tu n'a pas préparé de repas, *commandons* une pizza !

Kommando ▸ ① **commandement** ② **commandement**

① Auf mein *Kommando!*

② Wer hat hier das *Kommando?*

commando (m) ▸ ① **Mitglied einer Eliteeinheit**

② **Spezialeinheit, GSG9**

① L'entraînement des *commandos* est très dur.

② Un *commando* d'unités d'élite sera là dans une heure.

Kompagnon ▸ **associé**

Mein *Kompagnon* ist mit der Kasse durchgebrannt.

compagnon (m) ▸ ① **Gefährte** ② **Geselle** ③ **Lebensgefährte**

① Tu seras mon *compagnon* de voyage.

② Je dois encore faire mon travail de *compagnon.*

③ Je vis depuis deux avec mon *compagnon,* mais il ne veut toujours pas m'épouser.

Kompass ▸ **boussole, compas** (Schiff)

Wir marschieren nach dem *Kompass.*

compas (m) ▸ ① **Zirkel** ② **Kompass**

① Pour tracer un cercle il vous faut un *compas.*

② Tous les bateaux disposent d'un *compas.*

Kompliment ▸ **compliment**

Kompliment! Das hast du gut gemacht!

compliment (m) ▸ ① **Kompliment** ② **Glückwunsch** ③ **Grüßen Sie ...**

④ **mit freundlichen Grüßen**

① Je prends ça pour un *compliment.*

② Tous mes *compliments !*

③ *Compliments* à madame !

④ *Avec les compliments* de tous les élèves.

konditionell ▸ **physiquement**

Konditionell fühle ich mich noch sehr stark.

conditionnel ▸ ① **bedingt, an Bedingungen gebunden**

② **Konditionalsatz**

① Il s'agit d'un accord *conditionnel.*

② Une *phrase conditionnelle.*

Konferenz ▸ ① **réunion** ② **conférence** ③ **conseil de classe**
① Der Direktor ist in einer *Konferenz.*
② Die Abrüstungs*konferenz* findet nicht statt.
③ Ist morgen wieder *Lehrerkonferenz?*
conférence (f) ▸ ① **Konferenz** ② **Vortrag**
① La *conférence* sur le désarmement n'aura pas lieu.
② Demain, je ferai une *conférence* sur le désarmement.

konkurrieren ▸ **rivaliser**
Mit dem Mann kann ich nicht *konkurrieren.*
concourir ▸ **an einem Wettbewerb teilnehmen**
Je pense que je ne vais pas *concourir* cette année.

Konkurs ▸ **faillite**
Unsere Firma steht kurz vor dem *Konkurs.*
concours (m) ▸ ① **Wettbewerb** ② **Preisausschreiben** ③ **außer Konkurrenz** ④ **Hilfe**

K

① Le *concours* de chant n'a pas eu lieu.
② À ce *concours,* il y a de beaux prix à gagner.
③ Je jouais *hors concours.*
④ Je bénéficie du *concours* du directeur.

Konsultation ▸ ① **consultation** ② **consultation**
① Die *Konsultation* beim Arzt ist teurer geworden.
② Die *Konsultation* zwischen den Weltmächten ist schwieriger geworden.
consultation (f) ▸ ① **Konsultation** ② **Sprechstunde** ③ **Volksbefragung** ④ **Konsultation** ⑤ **Datenabruf**
① La *consultation* chez le médecin est devenue plus chère.
② Je ne peux pas venir maintenant, je suis en *consultation.*
③ La *consultation populaire* aura bien lieu.
④ Les *consultations* entre les deux pays se poursuivent.
⑤ Avec cet ordinateur, la *consultation de données* est très facile.

konvertieren ▸ ① **se convertir** ② **convertir** ③ **convertir**
① Es gibt nicht viele Juden, die zum Christentum *konvertieren.*
② Wie *konvertiert* man Dollar in Euro?
③ Wir müssen die Daten auf einen anderen Datenträger *konvertieren.*
convertir ▸ ① **konvertieren** ② **konvertieren** ③ **konvertieren**
① Ils n'ont pas réussi à me *convertir* à leur religion.
② Comment *convertir* des cm en inch ?
③ Sais-tu *convertir* un fichier graphique en un fichier texte ?

Konzept ▸ ① **brouillon** ② **décontenancé** ③ **contrarier**
① Meine Rede ist im *Konzept* fertig.
② Du hast mich *aus dem Konzept gebracht.*
③ Das *passt mir nicht ins Konzept.*
concept (m) ▸ **Begriff**
Depuis Einstein, le *concept* de temps n'est plus le même.

Kostüm ▸ ① **tailleur** ② **costume**
① Meine Frau hat sich ein neues *Kostüm* gekauft.
② Sind die Karnevals*kostüme* schon bestellt?
costume (m) ▸ ① **Anzug** ② **Tracht** ③ **Kostüm**
① Mon père a toujours porté des *costumes* sur mesure.
② Je ne savais pas que c'était votre *costume* national.
③ Les *costumes* de carnaval ne sont pas encore arrivés.

Koteletts / Koteletten ▸ ① **côtelettes** ② **favori**
① Diese *Koteletts* schmecken mir nicht.
② Ich mag keine Männer mit *Koteletten.*
côtelette (f) ▸ **Kotelett**
Ta *côtelette* n'était pas bien cuite.

K

kriminalisieren ▸ ① **présenter comme étant criminel** ② **pousser dans la criminalité**
① Sollte man Kavaliersdelikte *kriminalisieren?*
② Seine dubiosen Freunde haben den Jungen *kriminalisiert.*
criminaliser ▸ ① **eine Zivilsache zur Strafsache machen**
Le procureur a voulu *criminaliser* l'affaire.

kriminell ▸ ① **criminel** ② **casse-cou**
① Das sind *kriminelle* Machenschaften.
② Diese gefährliche Kurve so zu schneiden ist *kriminell.*
criminel ▸ **kriminell**
C'était un acte *criminel.*

Krise ▸ **crise**
Wir haben die Wirtschafts*krise* noch nicht überwunden.
crise (f) ▸ ① **Krise** ② **Anfall**
① La *crise* économique n'est pas encore derrière nous.
② Mon père a de nouveau eu une *crise* cardiaque.

kujonieren ▸ **faire des tracasseries**
Mein Chef *kujoniert* mich schon seit Jahren.
couillonner ▸ **reinlegen**
Il a essayé de me *couillonner* avec cette voiture d'occasion accidentée.

kultiviert ▸ raffiné
Sie hat einen sehr *kultivierten* Geschmack.
cultivé ▸ gebildet
Ton ami n'est pas très *cultivé.*

kurieren ▸ guérir
Der Arzt hat mich von meiner Krankheit *kuriert.*
curer ▸ ① ausbaggern ② sauber machen
① Après les inondations, la ville va devoir *curer* le canal.
② Tu ferais bien de te *curer* les ongles !

kurios ▸ curieux, bizarre
Das war eine *kuriose* Idee.
curieux ▸ ① kurios ② neugierig
① C'était une idée *curieuse.*
② Je ne suis pas *curieux* de nature.

K

Kurs ▸ ① cap ② cours ③ cours ④ être très estimé
① Wir werden den *Kurs* beibehalten.
② Der Dollar*kurs* ist gerade günstig.
③ Besuchst du den gleichen *Kurs* wie ich?
④ Du *stehst hoch im Kurs* bei mir.
cours (m) **▸ ① Lauf ② unterwegs ③ Kurs ④ Kurs ⑤ Wasserlauf**
① Je passerai au *cours* de la semaine.
② *En cours de route,* je vais te téléphoner.
③ Je vais suivre un *cours* de danse.
④ Le *cours* du dollar est maintenant avantageux.
⑤ Derrière la maison, il y a un petit *cours d'eau.*

Kuvert ▸ enveloppe
Du brauchst den Brief nur noch ins *Kuvert* zu stecken.
couvert (m) **▸ ① Besteck ② den Tisch decken ③ Gedeck**
① Beaucoup de personnes ont encore un *couvert* en argent.
② Tu peux m'aider à *mettre le couvert ?*
③ Combien de *couverts* dois-je mettre ?

L

Larve ▸ ① **larve** ② **loup**

① Die Vögel fressen hauptsächlich Insekten*larven.*

② Die Gäste trugen eine *Larve,* um nicht sofort erkannt zu werden.

larve (f) ▸ **Larve**

Les oiseaux se nourissent principalement de *larves* d'insectes.

leger ▸ ① **décontracté** ② **négligeant**

① Der Minister grüßte *leger.*

② Du hast diese Angelegenheit zu *leger* gehandhabt.

léger ▸ ① **leicht** ② **Leichtverletzter** ③ **leicht** ④ **leicht**

① C'est un vêtement très *léger.*

② Les *blessés légers* ont pu retourner chez eux.

③ Je n'aime pas la musique *légère.*

④ Mon amie n'est pas une femme *légère.*

legieren ▸ **faire un alliage, allier**

Kann man Kupfer mit Zink *legieren?*

léguer ▸ **vermachen, vererben**

Mon père a tout *légué* à son ex-femme.

Liberalität ▸ **esprit libéral**

Dieser Politiker war ein Mensch von großer *Liberalität.*

libéralité (f) ▸ ① **Großzügigkeit, Freigebigkeit** ② **Zuwendung**

① Notre association a fait preuve de beaucoup de *libéralité.*

② Tout le secteur culturel a profité des *libéralités* de l'État.

Lied ▸ **chanson**

Dieses *Lied* ist jetzt die Nummer 1 in Deutschland.

lied (m) ▸ (klassisches) **Lied**

Un *lied* de Schubert est toujours le nec plus ultra.

liiert ▸ **avoir une liaison amoureuse**

Wir sind schon seit Jahren *liiert* und wollen jetzt endlich heiraten.

lié ▸ **befreundet**

On est très *liés,* voilà pourquoi on s'appelle si souvent.

Lobby ▸ ① **hall d' entrée** ② **lobby** ③ **hall d'entrée**

① In der *Lobby* des Parlaments wird schon Vieles vorverhandelt.

② Die *Lobby* der Tabakfabrikanten hat viel Einfluss auf das Europäische Parlament.

③ Wir haben uns in der *Lobby* unseres Hotels getroffen.

lobby (m) ▸ **Lobby**

Le *lobby* des cigarettiers est très puissant.

Lokal ▸ ① **local** ② **restaurant, café**

① Die Versammlung findet im Klub*lokal* statt.

② In dieses *Lokal* gehe ich nicht mehr, die Kellner sind mir zu unfreundlich.

local (m) ▸ **Lokal, Raum**

Les réunions ont lieu dans les *locaux* du parti.

Lokalität ▸ **lieux**

Kennen Sie sich mit den *Lokalitäten* aus?

localité (f) ▸ **Ort, Ortschaft**

J'habite une petite *localité* du Périgord.

M

Magazin ▸ ① **magasin** ② **chargeur** ③ **magazine** ④ **émission**

① Wir haben ein großes *Magazin* für die Lagerung unserer Waren.

② Diese Maschinenpistole hat ein *Magazin* von 30 Schuss.

③ In jeder Hotellobby findet man *Magazine.*

④ Die ARD hat ein eigenes politisches *Magazin.*

magasin (m) ▸ ① **Magazin, Lager** ② **Geschäft**

① Où se trouve le *magasin* de votre usine ?

② Dans ce *magasin* on trouve de tout.

Maisonette ▸ **duplex**

Ich wohnte damals in einer *Maisonette* in der Nähe eines Park.

maisonnette (f) ▸ **Häuschen**

Cette *maisonnette* me suffit, je n'ai pas besoin d'une grande maison.

makulieren ▸ **mettre au pilon**

Die unverkauften Exemplare des Romans werden *makuliert.*

maculer ▸ **beflecken, beschmutzen**

Sa chemise était *maculée* de sang.

Malheur ▸ petit malheur, petite mésaventure
Sei mir nicht böse, aber mir ist ein *Malheur* passiert.
malheur (m) ▸ **Unglück**
La guerre a toujours été un grand *malheur.*

Mandant ▸ ① **mandant** ② **client** (d'un avocat)
① Mein *Mandant* hat mir strikte Anweisungen gegeben.
② Als Anwalt muss ich die Interessen meines *Mandanten* vertreten.
mandant (m) ▸ **Mandant**
Mon *mandant* m'a donné des instructions que je dois suivre à la lettre.

Manege ▸ piste du cirque
Die Darbietungen in der *Manege* interessierten nicht einmal die Kinder.
manège (m) ▸ ① **Karussel** ② **Reitbahn** ③ **Manöver, Spielchen**
① Cette année, à la foire, il y avait moins de *manèges* que d'autres années.
② Si vous cherchez la responsable du harras, elle est au *manège.*
③ Je ne comprends pas son petit *manège.*

manifestieren ▸ montrer
Sein Verhalten *manifestiert* sein schlechtes Gewissen.
manifester ▸ ① **faire connaître** ② **demonstrieren**
① Le ministre a clairement *manifesté* ses intentions.
② Des milliers de gens ont *manifesté* contre le gouvernement.

Manual ▸ clavier (d'un instrument)
Eine Orgel hat meistens zwei *Manuale.*
manuel (m) ▸ **Lehrbuch**
Je n'ai pas encore acheté le *manuel* de mathématiques.

Marge ▸ marge
Goldankäufer berechnen eine *Marge* von einigen Prozenten.
marge (f) ▸ ① **Rand** ② **zulässige Abweichung** ③ **Marge** ④ **Marge, Spanne** ⑤ **Rand**
① Il y a une annotation dans la *marge* que je ne sais pas lire.
② La *marge d'erreur* est de 5 %.
③ La *marge* brute est toujours plus large que la marge nette.
④ Notre *marge* de bénéfice n'est pas assez importante.
⑤ Cette tribu vivait en *marge* de la société.

Marke ▸ ① **marque** ② **ticket** ③ **plaque** ④ **fait à la maison**

① Unsere *Marke* ist sogar auf dem chinesischen Markt sehr bekannt.
② Wenn Sie Ihre Garderoben*marke* verloren haben, haben wir ein Problem.
③ Sie sagen, Sie sind Polizist. Darf ich mal Ihre Dienst*marke* sehen?
④ Ich glaube, Ihr Kinderwagen ist *Marke Eigenbau.*

marque (f) ▸ ① **Flecken, Striemen** ② **Marke** ③ **Bezeugung, Zeichen** ④ **Plätze**

① La femme battue avait des *marques* sur tout le corps.
② Nous ne vendons que des produits de *marque.*
③ C'était une *marque* de respect de sa part.
④ À vos *marques !*

Marmelade ▸ **confiture**

Morgens esse ich immer ein Butterbrot mit *Marmelade.*

marmelade (f) ▸ ① **Kompott** ② **Orangenmarmelade**

① De toutes les *marmelades,* je préfère la *marmelade* de pommes.
② La *marmelade d'oranges* anglaise est la meilleure.

Maschine ▸ ① **machine** ② **avion**

M

① Deutsche *Maschinen* sind auf der ganzen Welt gefragt.
② Wann hebt die *Maschine* ab?

machine (f) ▸ **Maschine**

Nos *machines* ne se vendent plus comme avant.

maschinell ▸ **mécanique, mécaniquement**

Früher wurde so ein Kollier von Hand gemacht, jetzt geschieht alles *maschinell.*

machinal ▸ **mechanisch, ohne nachzudenken**

J'avais fait ce geste de façon *machinale.*

Material ▸ ① **matériau(x)** ② **matériel** ③ **documentation**

① Wir verwenden nur hochwertiges *Material.*
② Haben Sie das nötige *Material* schon bekommen?
③ Wir verfügen schon über sehr viel *Material* über diese Bande.

matériel (m) ▸ ① **Material** ② **Büroartikel**

① Le *matériel* audiovisuel est un peu dépassé.
② Le *matériel de bureau* n'est pas encore arrivé.

Matinee ▸ **séance du matin**

Ich habe der *Matinee*vorführung beigewohnt.

matinée (f) ▸ ① **Vormittag** ② **Nachmittagsvorstellung**

① Tu peux venir lundi dans la *matinée.*
② En *matinée,* le film commence à 15 heures.

Mätresse ▸ maîtresse
Die französischen Könige hatten viele *Mätressen.*
maîtresse (f) ▸ ① **Mätresse** ② **Dame des Hauses** ③ **Lehrerin** (Grundschule)
① La *maîtresse* d'un roi s'appelle une favorite.
② Je n'ai pas encore rencontré la *maîtresse des lieux.*
③ Tous les élèves d'école primaire aiment leur *maîtresse.*

matt ▸ ① **fatigué, sans force** ② **échec et mat** ③ **terne** ④ **mat, pâle**
① Am Ende des Tages fühle ich mich immer so *matt!*
② Nach fünf Zügen war ich schon *matt.*
③ Seine Augen sind so *matt,* er ist bestimmt krank.
④ Die Farbe ist mir etwas zu *matt.*
mat ▸ ① **dumpf** ② **matt** ③ **matt** ④ **schachmatt**
① J'ai entendu un bruit *mat.*
② La couleur est un peu *mate.*
③ Ce verre est trop *mat* pour laisser passer la lumière.
④ Après cinq coups j'étais *mat.*

Menage ▸ huilier
Diese *Menage* ist bestimmt aus Sterlingsilber.
ménage (m) ▸ ① **Haushalt** ② **Ehepaar** ③ **putzen gehen**
① Ce sont toujours majoritairement les femmes qui font le *ménage.*
② Nous sommes déjà un vieux *ménage.*
③ Sa femme *fait des ménages.*

Menü ▸ menu
Was steht heute auf dem *Menü?*
menu (m) ▸ ① **Menu** ② **Speisekarte**
① Le *menu* de ce restaurant est très varié.
② Nous devons imprimer de nouveaux *menus.*

Messe ▸ ① **messe** ② **foire** ③ **mess**
① Meine Mutter ging noch jeden Tag zur *Messe.*
② Auch dieses Jahr findet die Buch*messe* wieder statt.
③ Der Kapitän hat uns in die *Messe* eingeladen.
messe (f) ▸ **Messe**
Il y a longtemps que je ne vais plus à la *messe.*

Milieu ▸ ① **milieu** ② **milieu, environnement** ③ **milieu**

① Ich bin in einem ärmlichen sozialen *Milieu* aufgewachsen.
② In so einem *Milieu* können viele Tiere nicht überleben.
③ In dieses kriminelle *Milieu* konnte die Polizei nicht eindringen.

milieu (m) ▸ ① **Mitte** ② **Milieu** ③ **Milieu** ④ **Milieu**

① Au *milieu* de la place il y a un monument.
② Il est intéressant d'étudier l'interaction entre les gènes et le *milieu.*
③ Le *milieu* naturel du lion est la savanne.
④ Le chef de la police faisait jadis partie du *milieu.*

Mimose ▸ ① **mimosa** ② **personne trop sensible**

① Die alte Frau verkaufte *Mimosen* an Touristen.
② Der Mann ist eine *Mimose.* Gleich fängt er auch noch an zu weinen.

mimosa (m) ▸ **Mimose**

La vieille femme vendait des *mimosas* aux touristes.

Minus ▸ ① **déficit** ② **point négatif** ③ **signe 'moins'**

① Wir hatten dieses Jahr ein *Minus* von 10.000 Euro.
② Wenn Sie keine Fremdsprachen kennen, ist das natürlich ein *Minus* für Ihre Bewerbung.
③ Sie haben das *Minus* in der Internetadresse vergessen.

minus (m) ▸ **Null, Trottel**

Ce type n'est pas fiable ; de plus, c'est un *minus.*

Minute ▸ **minute**

In zehn *Minuten* bin ich fertig.

minute (f) ▸ ① **Minute** ② **Original**

① J'ai fini dans dix *minutes.*
② Le notaire garde les *minutes* des actes.

miserabel ▸ ① **lamentable, en dessous de tout** ② **misérable** ③ **infâme**

① Diesen Monat war dein Zeugnis *miserabel.*
② Ich fühle mich so *miserabel* wie noch nie.
③ Das ist ein ganz *miserabler* Kerl.

misérable ▸ ① **armselig** ② **erbärmlich** ③ **miserabel, elend** ④ **Die Elenden**

① Notre logement était plus que *misérable.*
② C'est un *misérable* professeur.
③ Je me sens bien *misérable.*
④ *Les Misérables*

Misere ▸ **situation désastreuse**

Wir befinden uns mitten in einer wirtschaftlichen *Misere.*

misère (f) ▸ ① **Armut, Elend** ② **sehr wenig Geld**

① Beaucoup de personnes, même dans nos pays riches, vivent encore dans la *misère.*

② J'ai acheté cette maison pour une *misère.*

Moderation ▸ **présentation** (d'une émission)

Die *Moderation* der Sendung hatte Jens Hahn.

modération (f) ▸ **Mäßigung**

Les patrons veulent obtenir une *modération* salariale de la part des syndicats.

Moderator ▸ **présentateur**

Der *Moderator* hat die Show der Moderatorin übernommen.

modérateur (m) ▸ **Vermittler**

Le gouvernement va devoir jouer le rôle de *modérateur* entre les patrons et les syndicats.

moderieren ▸ **présenter** (une émission)

Wer wird die Show *moderieren?*

modérer ▸ **mäßigen**

Nous allons devoir *modérér* nos exigences.

Montur ▸ ① **accoutrement** ② **monture**

① In dieser *Montur* kannst du nicht in die Oper gehen.

② Die *Montur* dieses Edelsteins ist schon sehr alt.

monture (f) ▸ ① **Reittier** ② **Gestell** ③ **Montur, Fassung**

① Le cavalier enfourcha sa *monture* et partit au galop.

② Mes lunettes ont besoin d'une autre *monture.*

③ La *monture* de ce diamant est très belle.

Museum ▸ **musée**

In London gibt es so viele *Museen,* dass man nicht alle besuchen kann.

muséum (m) ▸ **Naturkundemuseum**

À Paris il y a le fameux *Muséum d'histoire naturelle.*

N

Necessaire ▸ **nécessaire**
Ich reise nie ohne mein Reise*necessaire.*
nécessaire (m) ▸ ① **Nötige** ② **Necessaire**
① Je ne prends que le strict *nécessaire.*
② Je ne pars jamais en voyage sans mon *nécessaire* de voyage.

nett ▸ **gentil, sympathique**
Das ist wirklich ein *netter* Herr.
net ▸ ① **sauber, rein** ② **netto** ③ **steuerfrei** ④ **undurchsichtig**
① La chambre n'est pas tout à fait *nette.*
② Mon salaire *net* n'est pas très élevé.
③ C'est un revenu *net d'impôts.*
④ Ce bonhomme n'est *pas très net.*

Nippes (Mz) ▸ **bibelots**
Hast du all diese *Nippes* auf dem Flohmarkt gekauft?
nippes (Mz) ▸ **Klamotten**
Ces *nippes,* même le marché aux puces n'en veut pas.

Nische ▸ ① **niche** ② **niche** ③ **niche**
① In der *Nische* stand eine große Bronzefigur.
② Dieses Tier konnte nur in einer ökologischen *Nische* überleben.
③ Diese Markt*nische* müssen wir erobern.
niche (f) ▸ ① **Hütte** ② **Nische** ③ **Nische** ④ **Nische**
① La *niche* du chien devrait être repeinte.
② Dans la *niche* du salon il y avait une grande figure de bronze.
③ Il faut surtout préserver les *niches* écologiques.
④ À nous d'exploiter les *niches* du marché.

Note ▸ ① **note** ② **ronde/blanche** ③ **note** ④ **note** ⑤ **touche**
① ‚In dem Stück sind zu viel *Noten*', meinte der Kaiser zu Mozart.
② Eine ganze/halbe *Note.*
③ In Frankreich ist die beste *Note* 20.
④ Die diplomatische *Note* war ziemlich scharf ausgefallen.
⑤ Dieser Auftritt ist ihre ganz persönliche *Note.*
note (f) ▸ ① **Note** ② **Rechnung** ③ **Note** ④ **Note** ⑤ **sich etwas gut merken**
① ‹Il y a trop de *notes* dans ce morceau›, dit le roi à Mozart.
② C'est toi qui va payer la *note ?*
③ En France, la meilleure *note* est 20.

④ La *note* diplomatique n'était pas tendre.
⑤ Je vais *en prendre bonne note.*

Novelle ▸ ① **nouvelle** ② **amendement à la loi**
① Jeder kennt die ‚Schach*novelle*' von Stefan Zweig.
② Der Bundestag will die *Novelle* noch heute verabschieden.
nouvelle (f) ▸ ① **Novelle** ② **Neuigkeit** ③ **Nachrichten**
① Beaucoup d'écrivains ont écrit des *nouvelles.*
② Tu as des *nouvelles* de ton frère ?
③ J'écoute tous les soirs les *nouvelles.*

O

Objektiv ▸ **objectif**
Das *Objektiv* dieser Kamera ist ziemlich teuer.
objectif (m) ▸ ① **Ziel** ② **Objektiv**
① Notre premier *objectif,* c'est de gagner des parts de marché.
② *L'objectif* de cette caméra n'est pas bon marché.

Observation ▸ ① **observation** ② **observation**
① Dieser Astronom widmet sich ganz der *Observation* der Milchstraße.
② Die *Observation* der Wohnung des Verdächtigen hat nicht viel ergeben.
observation (f) ▸ ① **Observation, Überwachung** ② **Observation** ③ **Beobachtung** ④ **Bemerkung, Tadel**
① *L'observation* du domicile du suspect n' a rien donné.
② Cet astronome consacre tout son temps à *l'observation* de la voie lactée.
③ *L'observation* de la nature est un passe-temps agréable.
④ Le chef m'a fait une *observation* que je ne vais pas oublier de sitôt.

observieren ▸ ① **surveiller** ② **observer**
① Der Verfassungsschutz möchte die Mitglieder dieser Partei *observieren* lassen.
② Das Gebäude wird von der Polizei Tag und Nacht *observiert.*
observer ▸ ① **beobachten, observieren** ② **sich an die Regeln halten** ③ **darauf hinweisen**
① Nous *observons* attentivement ses faits et gestes.
② Tous les élèves doivent *observer les règles* de l'école.
③ Je vous *ferai observer* que ce n'est pas la première fois que de tels faits se passent dans notre école.

Oktett ▸ **octuor**
Kennen Sie dieses *Oktett* von Mendelssohn?
octet (m) ▸ **Byte**
Combien *d'octets* comporte le texte ?

ordinär ▸ **vulgaire**
Sei bitte nicht so *ordinär!*
ordinaire ▸ **alltäglich, üblich**
C'est un geste tout à fait *ordinaire.*

organisieren ▸ ① **organiser** ② **se procurer** ③ **voler**
① Soll ich die Versammlung *organisieren?*
② Ich werde versuchen etwas zu essen zu *organisieren.*
③ Hast du schon das Fluchtauto *organisiert?*
organiser ▸ **organisieren**
Je vais *organiser* une réunion de tous les partis.

originell ▸ **original**
Diese Idee finde ich nicht sehr *originell.*
originel ▸ ① **ursprünglich** ② **Erbsünde**
① Le sens *originel* de ce mot n'est pas connu.
② Les catholiques croient au *péché originel.*

P

P

Papier ▸ ① **papier** ② **document officiel**
① Ich brauche noch *Papier* für meinen Drucker.
② Der Regierung liegt ein *Papier* über dieses Projekt vor.
papier (m) ▸ ① **Papier** ② **Artikel** ③ **Papiere**
① J'ai besoin de *papier* pour mon imprimante.
② Tu peux écrire un *papier* sur cet incident ?
③ Vous avez vos *papiers ?*

Paragraph ▸ **article de loi**
Das steht alles in *Paragraph* 136 des StGB.
paragraphe (m) ▸ **Absatz**
Combien de *paragraphes* y a-t-il dans ce texte ?

Pariser ▸ ① **Parisien** ② **capote, préservatif**

① Die *Pariser* würden am liebsten alle auf dem Land wohnen.

② Seit einigen Jahren kann man *Pariser* auch in der Apotheke kaufen.

Parisien (m) ▸ **Pariser, Einwohner von Paris**

Les *Parisiens* aimeraient tous pouvoir habiter la campagne.

Parole ▸ ① **mot de passe** ② **slogan**

① Halt! Wie lautet die *Parole?*

② Gleichberechtigung: Das war schon immer meine *Parole.*

parole (f) ▸ ① **Wort** ② **Sprache** ③ **Ehrenwort** ④ **Text**

① Je te crois sur *parole.*

② Il a retrouvé la *parole.*

③ Vous avez ma *parole !*

④ Les *paroles* d'une chanson.

Part ▸ ① **partie** ② **rôle**

① Dieser *Part* ist etwas zu schwierig für einen Amateurgeiger.

② Diesen *Part* hat die Schauspielerin noch nie gespielt.

part (f) ▸ **Anteil**

Je détiens une *part* du capital de cette entreprise.

Parterre ▸ ① **rez-de-chaussée** ② **fauteuils d'orchestre, parterre**

① Ich wohne lieber *Parterre,* das ist bequemer.

② Im Theater sitze ich nicht so gern im *Parterre.*

parterre (m) ▸ ① **Blumenbeet** ② **Parterre, Parkett**

① Devant la maison j'ai aménagé deux beaux *parterres* de fleurs.

② Je n'ai plus obtenu de places au *parterre.*

Partie ▸ ① **partie** ② **partie** ③ **lot** ④ **parti** ⑤ **partie**

① Die obere *Partie* seines Gesichts war von Pickeln besät.

② Spielen wir eine *Partie* Schach?

③ Ich habe eine *Partie* Tennisbälle gekauft.

④ Mit dieser Heirat habe ich eine gute *Partie* gemacht.

⑤ Ich bin mit von der *Partie.*

partie (f) ▸ ① **Teil** ② **Partie, Teil** ③ **gehören zu** ④ **Partie** ⑤ **Part** ⑥ **Partie** ⑦ **Geschlechtsteile**

① C'est une *partie* du texte que je ne comprends pas.

② La *partie* supérieure de son visage était brûlée.

③ Je *fais partie* des gens qui ne croient pas tout ce qu'on leur raconte.

④ Tu joues une *partie* d'échecs avec moi ?

⑤ C'est une *partie* pour violon et piano.

⑥ Je suis de la *partie.*

⑦ Il a reçu un coup dans les *parties.*

Partisan ▸ partisan
Im Krieg werden *Partisanen* nicht wie normale Soldaten behandelt.
partisan (m) ▸ ① **Partisan** ② **Befürworter, Anhänger**
① Les armées régulières doivent souvent faire face à des *partisans.*
② Je ne suis pas un *partisan* du nucléaire.

partout ▸ à tout prix
Du willst *partout* immer Recht haben!
partout ▸ ① **überall** ② **zwei beide**
① Je rencontre cet homme *partout* où je vais.
② C'est *deux manches partout.*

Patent ▸ brevet
Wie lang ist die Dauer eines *Patents* in Deutschland?
patente (f) ▸ **Gewerbesteuer**
En 1976 la *patente* a été remplacée par la taxe professionnelle.

patent ▸ épatant
Dein Freund ist ein *patenter* Kerl.
patent ▸ offensichtlich, offenkundig
Il est devenu *patent* qu'il ne veut pas nous aider.

Patience ▸ patience, réussite
Sollen wir eine Partie *Patience* spielen?
patience (f) ▸ ① **Patience** ② **Geduld**
① ‹Réussite› est plus courant que *‹patience›*.
② N'exagère pas, ma *patience* a des limites !

P

Patron ▸ ① **patron** ② **type**
① Wer ist der Schutz*patron* der Stadt Köln?
② Du bist ein lästiger *Patron!*
patron (m) ▸ ① **Chef, Boss** ② **Schutzheilige, Patron** ③ **Schnittmuster**
① Le *patron* n'aime pas qu'on vienne en retard.
② Saint Eloi est le *patron* des orfèvres.
③ Ma femme va coudre pour sa fille une robe d'après le *patron* qu'elle a trouvé dans cette revue.

Patronat ▸ patronage
Die Feier findet statt unter dem *Patronat* des Bürgermeisters.
patronat (m) ▸ **Arbeitgeber, Arbeitgeberschaft**
Le *patronat* n'est évidemment pas d'accord avec les syndicats.

Patrone ▸ **cartouche**
Die *Patronen* für mein Jagdgewehr sind schon wieder teurer geworden.
patronne (f) ▸ ① **Besitzerin** ② **Chefin** ③ **Schutzpatronin**
① La *patronne* du café n'est pas très aimable.
② La *patronne* n'aime pas qu'on vienne en retard.
③ Sainte Geneviève est la *patronne* de Paris.

penibel ▸ ① **pointilleux** ② **maniaque**
① In punkto Sauberkeit kann meine Frau sehr *penibel* sein.
② Du bist so ein *penibler* Mensch!
pénible ▸ ① **anstrengend, mühselig** ② **schmerzlich**
① C'est un travail très *pénible.*
② Ma femme n'a pas encore surmonté cet évènement *pénible.*

Phrase ▸ ① **mots vides de sens** ② **phrase** (musicale)
① Glaub ihm nicht! Das sind alles nur *Phrasen!*
② Die *Phrase* in dieser Partita von Bach muss viel ausdrucksvoller gespielt werden.
phrase (f) ▸ ① **Satz** ② **Phrase**
① Je n'ai pas compris la deuxième *phrase* du texte.
② Cette *phrase* de Bach doit être jouée de façon plus expressive.

Pik ▸ ① **avoir une dent contre quelqu'un** ② **pique**
① Ich glaube, du *hast einen Pik auf mich!*
② Warum hast du nicht *Pik* gespielt?
pic (m) ▸ ① **Gipfel** ② **Höhepunkt** ③ **Eispickel** ④ **Specht**
① Le *pic* est encore trop loin pour qu'on puisse encore l'atteindre aujourd'hui.
② Le *pic* de l'épidémie n'est pas encore atteint.
③ Tu ne pourras pas grimper cette paroi sans *pic.*
④ Dans la forêt, le *pic* est à l'oeuvre toute la journée.

pikiert ▸ **froissé, vexé**
Ich war etwas *pikiert* über deine Bemerkung.
piqué ▸ ① **rostfleckig** ② **übergeschnappt**
① La carosserie était *piquée* de rouille.
② Je crois que tu es un peu *piqué !*

Pille ▸ **pilule**
Diese bittere *Pille* wirst du wohl schlucken müssen!
pile (f) ▸ ① **Batterie** ② **Stapel**
① Je dois acheter des *piles* pour ma radio.
② Dans mon bureau, il y a une *pile* de livres à donner.

Plakette ▸ ① **vignette** ② **plaquette**

① Die Steuer*plakette* musst du an der Windschutzscheibe anbringen.
② An der Säule war eine kleine *Plakette* aus Silber angebracht.

plaquette (f) ▸ ① **Plakette** ② **Paket** ③ **Tafel** ④ **Packung**

① Sur le monument, il y avait une petite *plaquette* en argent.
② N'oublie pas de me ramener une *plaquette* de beurre !
③ Tous les matins, je mange une *plaquette* de chocolat.
④ Où as-tu mis ma *plaquette* de pilules ?

planen ▸ **planifier, projeter**

Was du dir da *geplant* hast, das wird nicht funktionieren.

planer ▸ **schweben**

Le drone *planait,* presque sans faire de bruit, au-dessus de notre jardin.

Plastik ▸ ① **plastique** ② **statue, sculpture** ③ **chirurgie plastique** ④ **expressivité** ⑤ **plastic**

① Heutzutage sind Spielzeuge meistens aus *Plastik.*
② Eine moderne *Plastik* ist manchmal so teuer wie eine antike.
③ Nachdem ich die Treppe runtergefallen war, musste der Chirurg eine *Plastik* an meiner Nase ausführen.
④ Die *Plastik* eines Dichters sieht man nicht immer sofort.
⑤ Bei dem Attentat wurde *Plastik*sprengstoff verwendet.

plastique (1,2 m ; 3 f) ▸ ① **Plastik** ② **Plastikfolie** ③ **die schönen Formen**

① De nos jours, les jouets sont la plupart du temps en *plastique.*
② On peut encore vendre de la viande sous *plastique.*
③ Cette femme se soucie surtout de sa *plastique.*

plastic (m) ▸ **Plastik**

Les terroristes avaient fait exploser une bombe au *plastic.*

Plombe ▸ ① **plomb** ② **plombage**

① Der Zollbeamte kontrollierte, ob die *Plombe* noch am Container befestigt war.
② Ich muss noch zum Zahnarzt, denn ich brauche eine neue *Plombe.*

plombe (f) ▸ **Stunde** (Argot)

J'attends ici depuis deux *plombes !* Pourquoi n'es-tu jamais à l'heure ?

Plumeau ▸ **édredon, duvet**

Ich glaube, es ist an der Zeit das *Plumeau* mal auszuklopfen.

plumeau (m) ▸ **F(l)ederwisch**

Si tu as le temps, passe un peu le *plumeau !*

Plüsch ▸ peluche
Der *Plüsch* unserer Sessel ist ziemlich verschlissen.
peluche (f) ▸ ① **Teddybär** ② **Plüschtier, Kuscheltier** ③ **Fussel, Staubflocke**
① J'ai toujours mon premier *ours en peluche.*
② Pour son anniversaire je lui ai acheté une belle *peluche.*
③ Je vais t'enlever les *peluches* sur ton manteau.

Pointe ▸ chute
Die *Pointen* seiner Witze sind immer grandios.
pointe (f) ▸ **Spitze**
Je me suis approché sur la *pointe* des pieds.

Police ▸ police
Die Versicherung würde mir gern eine neue *Police* verkaufen.
police (f) ▸ ① **Police** ② **Polizei** ③ **Schrift, Font**
① Toutes mes *polices* d'assurance sont chez le même assureur.
② La *police* n'est pas parvenue à repousser les manifestants.
③ Tu crois que c'est la bonne *police* pour ce texte ?

Politesse ▸ pervenche (früher : aubergine)
Auch *Politessen* dürfen einem einen Strafzettel verpassen.
politesse (f) ▸ **Höflichkeit**
La *politesse* n'est pas ton fort !

Polyp ▸ ① **polype** ② **polype** ③ **police** (Argot)
① Die *Polypen* der Kariben sind auch von der Erderwärmung bedroht.
② Der Chirurg wollte mir einige *Polypen* entfernen.
③ Pass auf! Da kommen die *Polypen!*
polype (m) ▸ ① **Polyp** ② **Polyp**
① Les *polypes* des Caraïbes sont aussi menacés par le réchauffement climatique.
② Le chirurgien a trouvé deux *polypes* dans mon colon.

Pool ▸ ① **piscine** ② **pool**
① Den ganzen Tag am *Pool* sitzen finde ich langweilig.
② Die Gewinne fließen in einen *Pool,* aus dem dann jede Firma Geld entnehmen kann.
pool (m) ▸ ① **Pool, Konsortium** ② **Schreibzentrale**
① Nous faisons partie d'un important *pool* bancaire.
② Il faudrait penser à agrandir le *pool* des dactylos.

Portefeuille ▸ ① **portefeuille** ② **portefeuille**

① Der ehemalige Sekretär des Kanzlers ist jetzt Minister ohne *Portefeuille.*

② Die meisten Aktien in meinem *Portefeuille* sind jetzt wertlos.

portefeuille (m) ▸ ① **Brieftasche** ② **Portefeuille** ③ **Portefeuille**

① Tu peux payer pour moi ? J'ai oublié mon *portefeuille.*

② Un minister sans *portefeuille* n'a pas grand- chose à dire.

③ Mon *portefeuille* d'actions ne vaut plus ce qu'il valait encore il y a un an.

Post ▸ ① **poste(s)** ② **courrier** ③ **c'est parti, mon kiki !**

① Ich arbeite schon lange bei der *Post.*

② Mit gleicher, elektronischer *Post* ...

③ *Ab geht die Post!*

poste (f) ▸ **Post**

① Depuis des années, je travaille à la *poste.*

poste (m) ▸ ① **Stelle** ② **Telefonapparat** ③ **Polizeiwache, Polizeidienststelle** ④ **Posten** ⑤ **Posten**

① Il ya longtemps que tu occupes ce *poste ?*

② Un *poste* téléphonique.

③ Un *poste* de police.

④ Le *poste* des dépenses.

⑤ Un *poste* d'observation

Potenz ▸ ① **puissance sexuelle, virilité** ② **puissance**

① Über meine *Potenz* kann ich noch nicht klagen.

② Erheben Sie jetzt diese Zahl in die dritte *Potenz!*

potence (f) ▸ **Galgen**

Si tu continues comme ça, tu finiras à la *potence !*

Prädikat ▸ ① **prédicat** ② **mention** ③ **label de qualité**

① Wo ist das *Prädikat* in diesem Satz?

② Mit dem *Prädikat* ‚Sehr gut' bestehen.

③ Ein Wein mit *Prädikat.*

prédicat (m) ▸ **Prädikat**

Où est le *prédicat* dans cette phrase ?

Praktikant ▸ **stagiaire**

Herr Müller, Sie betreuen bitte den *Praktikanten!*

pratiquant (m) ▸ **praktizierende Anhänger einer Kirche**

L'Église catholique compte encore des centaines de millions de *pratiquants.*

Prise ▸ ① **prise** ② **pincée**

① Von der *Prise* eines feindlichen Schiffes profitierte die ganze Mannschaft.

② Nur eine *Prise* Salz, bitte, ich muss auf meine Nieren achten!

prise (f) ▸ ① **Griff** ② **Prise** ③ **Erstürmung** ④ **Steckdose** ⑤ **Prise**

① Je lui ai fait une *prise* de judo.

② 20 kg de cocaïne, c'était une belle *prise.*

③ La *prise* de la Bastille.

④ Où se trouve la *prise* pour le rasoir ?

⑤ Tout l'équipage profitait de la *prise* d'un navire ennemi.

Professor ▸ **professeur d'université**

Professor ist man nur, wenn man an einer Universität lehrt.

professeur (m) ▸ ① **Lehrer** ② **Professor**

① Pendent vingt ans, j'ai été *professeur* de lycée.

② Les *professeurs d'université* en Belgique sont moins bien payés que leurs homologues allemands.

profiliert ▸ **marquant, d'envergure**

Der Bundespräsident ist eine sehr *profilierte* Persönlichkeit.

profilé ▸ **profiliert**

Les ailes de cette voiture de sport sont très *profilées.*

Promotion ▸ ① **obtention de doctorat** ② **promotion**

① Meine *Promotion* findet in einem Monat statt.

② Wir müssen mehr *Promotion* für unser neues Produkt machen!

promotion (f) ▸ ① **Beförderung** ② **Jahrgang** ③ **Promotion, Absatzförderung** ④ **Sonderangebot**

① Je n'ai pas encore obtenu ma *promotion* au rang de général.

② Nous avons fait partie de la même *promotion* et nous sommes toujours restés amis.

③ La *promotion* des ventes ne marche pas trop mal.

④ Cette semaine, les bananes sont en *promotion.*

promovieren ▸ **obtenir le titre de docteur**

Einige Jahre nach Abschluss meines Studiums habe ich *promoviert.*

promouvoir ▸ ① **befördern** ② **fördern**

① J'ai été *promu* au grade d'officier.

② L'État se doir de *promouvoir* les sciences.

prononciert ▸ déclaré, résolu
Ich bin ein *prononcierter* Gegner dieser Strategie.
prononcé ▸ ① ausgesprochen, entschieden ② verkünden
① Ton ami a un goût *prononcé* pour les voitures de sport.
② Le jugement a été *prononcé.*

propagieren ▸ faire de la propagande pour
Solche Ansichten sollten Sie nicht *propagieren!*
propager ▸ verbreiten
Qui a *propagé* ce bruit ?

Protokoll ▸ ① rédiger le compte rendu ② rédiger ③ protocole
① Wer *führt* hier *das Protokoll?*
② Der Polizist *nahm* meine Aussage *zu Protokoll.*
③ Ein Diplomat muss immer das *Protokoll* beachten.
protocole (m) **▸ ① Protokoll ② Übereinkunft**
① Un diplomate se doit de toujours observer le *protocole.*
② Nous avons signé un *protocole* d'accord avec la France.

Pute ▸ ① dinde ② bécasse
① Ich züchte nicht nur Hühner, sondern auch *Puten.*
② Deine Freundin ist eine dumme *Pute.*
pute (f) **▸ Hure**
Il vaut mieux dire ‹prostituée› que *‹pute›*.

Q

Q

Quartier ▸ ① logement ② cantonnement
① Ich habe ein billiges *Quartier* in der Stadt gefunden.
② Wo befindet sich das *Quartier* der Stadtwache?
quartier (m) **▸ ① Viertel ② Viertel ③ Nachbarschaft**
① Il n'y a pas longtemps que j'habite dans ce *quartier.*
② Le *quartier* étudiant se trouve de l'autre côté de la Seine.
③ Les gens du *quartier* ne m'apprécient guère.

Querelen (Mz) **▸ querelle** (de village), **discussion**
Es hat einige *Querelen* um den Kanzlerkandidaten gegeben.
querelle (f) **▸ Streit**
Je n'aime pas les gens qui cherchent la *querelle.*

Queue ▸ **queue**
Mit so einem billigen *Queue* kann man doch nicht richtig Billard spielen!
queue (f) ▸ ① **Queue** ② **Schwanz** ③ **Schlange**
① Cette *queue* ne me convient pas, je vais m'acheter une meilleure.
② Certains batraciens peuvent régénérer une *queue* perdue.
③ Devant le magasin, il y avait une *queue* de vingt mètres.

quittieren ▸ **acquitter**
Sie müssten mir noch die Rechnung *quittieren!*
quitter ▸ ① **verlassen** ② **aufgeben** ③ **niederlegen** (Amt)
① Après vingt ans de mariage, ma femme m'a *quitté.*
② Je vais *quitter* mon emploi.
③ Le ministre a dû *quitter* ses fonctions.

R

raffiniert ▸ ① **rusé, ingénieux** ② **raffiné**
① Das ist der *raffinierteste* Plan, den ich je gesehen habe.
② Öl und Zucker können auch *raffiniert* sein.
raffiné ▸ ① **erlesen, kultiviert, vornehm** ② **raffiniert**
① La nourriture était très *raffinée.*
② Le pétrole et le sucre sont souvent *raffinés.*

Rakete ▸ **fusée, missile**
Wann fliegt die nächste *Rakete* zum Mond?
raquette (f) ▸ **Schläger** (Sport)
J'ai besoin d'une nouvelle *raquette* de tennis.

rangieren ▸ ① **se classer** ② **aiguiller**
① Du *rangierst* leider an letzter Stelle!
② Wir müssen noch die Waggons auf das Abstellgleis *rangieren.*
ranger ▸ ① **ordnen** ② **aufräumen**
① Je dois encore *ranger* tous ces dossiers.
② Va *ranger* ta chambre !

rasant ▸ ① **extrêmement rapide** ② **fulgurant**
① Das ist aber ein *rasanter* Sportwagen!
② Es hat eine *rasante* Zunahme von neuen Wohnungen gegeben.
rasant ▸ **stinklangweilig**
J'ai été à sa conférence, mais c'était *rasant.*

Rat ▸ ① **conseil** ② **conseil**

① Ich brauche deinen *Rat.*

② Der Europäische *Rat* tagt morgen.

rat (m) ▸ **Ratte**

Ce sont les *rats* qui ont apporté la peste en Europe.

Rechaud ▸ **chauffe-plat**

Um die Speisen warm zu halten, brauchen wir einen *Rechaud.*

réchaud (m) ▸ **Kocher**

J'ai un *réchaud* à essence, mais je préfère un *réchaud* à gaz, c'est plus pratique.

recherchieren ▸ **faire des recherches, enquêter**

Dieser Fall muss gründlich *recherchiert* werden.

rechercher ▸ **suchen**

La police *recherche* cet homme pour meurtre.

reell ▸ ① **réel** ② **correct, honnête, sérieux**

① Wir geben Ihnen die *reelle* Möglichkeit Fortschritte zu machen.

② Was wir Ihnen anbieten, ist ein *reelles* Geschäft.

réel ▸ ① **wirklich** ② **effektiv**

① Il s'agit là d'un fait *réel.*

② Le taux *réel* de votre épargne n'est que de 2%.

Regal ▸ **étagère**

Stell die Bücher einfach ins *Regal!*

régal (m) ▸ **Genuss**

Ce dîner, c'était un vrai *régal.*

R

Regie ▸ ① **mise en scène** (Theater), **réalisation** (Film), **mise en ondes** (Radio) ② **seul, sans aide extérieure**

① Wer hat in diesem Theaterstück die *Regie?*

② Wir machen das in eigener *Regie.*

régie (f) ▸ ① **Regie** ② **Verwaltung**

① Qui va s'occuper de la *régie* de la pièce ?

② Nous ne sommes pas en charge de la *régie* financière.

Regiment ▸ ① **régiment** ② **pouvoir autoritaire**

① An der Spitze des *Regiments* steht ein Oberst.

② Mein Vater führte ein *strenges Regiment.*

régiment (m) ▸ ① **Regiment** ② **Kompagnie**

① À la tête d'un *régiment* il y a un colonel.

② Tu as fait à manger pour tout un *régiment !*

Regisseur ▸ réalisateur
Der *Regisseur* des Films ist kein Unbekannter.
régisseur (m) ▸ ① **Regisseur, Aufnahmeleiter** ② **Verwalter**
① Le *régisseur* de la pièce n'est pas un inconnu.
② J'ai dû congédier le *régisseur* du domaine.

remis ▸ match nul
Das Spiel endete *remis.*
remis ▸ abgesagt
Le match a été *remis.*

Rendezvous ▸ ① **rendez-vous** ② **rendez-vous**
① Ich hatte ein *Rendezvous* mit ihr, aber sie ist nicht gekommen.
② Das *Rendezvous* im All hat ohne Probleme stattgefunden.
rendez-vous (m) ▸ ① **Rendezvous** ② **Verabredung** ③ **Rendezvous**
① Nous avions un *rendez-vous,* mais elle n'est pas venue.
② Le médecin reçoit seulement sur *rendez-vous.*
③ Le *rendez-vous* dans l'espace s'est passé sans problèmes.

Rente ▸ ① **pension de retraite** ② **rente**
① Viele Leute haben eine zu niedrige *Rente.*
② Dieses Kapital bringt eine *Rente* von 3 %.
rente (f) ▸ **Rente**
Ce capital rapporte une *rente* de 3 %.

Report ▸ reportage
Hast du diesen interessanten *Report* auch gelesen?
report (m) ▸ **Verschiebung**
Je propose le *report* de la réunion à une date ultérieure.

resolut ▸ énergique
Auf so eine *resolute* Antwort war ich nicht gefasst.
résolu ▸ entschlossen
Je suis *résolu* à défendre mes droits.

Revision ▸ ① **pourvoi en révision** ② **correction**
① Gegen dieses Urteil werden wir *Revision* einlegen.
② Wieviel Zeit habe ich für die *Revision* der Druckbogen?
révision (f) ▸ ① **Änderung** ② **Revision** ③ **Überholung**
④ **Wiederholung** (Lehrstoff)
① Nous demandons une *révision* de la loi.
② Mon avocat envisage un pourvoi en *révision.*
③ Le moteur de ma voiture a besoin d'une *révision* complète.
④ Je n'ai pas encore commencé mes *révisions.*

Rezept ▸ ① **ordonnance** ② **recette**

① Dieses Medikament gibt es nur auf *Rezept.*

② In diesem Kochbuch findest du interessante *Rezepte.*

recette (f) ▸ ① **Rezept** ② **Einnahmen**

① Je n'ai pas trouvé de *recettes* intéressantes dans ce livre.

② Cette année, la *recette* du café a été décevante.

Robe ▸ **robe**

Die *Robe* eines Richters nennt man jetzt auch ‚Talar'.

robe (f) ▸ ① **Kleid** ② **Robe**

① Tu as encore acheté une nouvelle *robe ?*

② Les trois juges étaient en *robe.*

Rouge ▸ ① **rouge, fard à joues** ② **rouge**

① Du bist so blass, du solltest etwas *Rouge* auflegen.

② Ich setze 50 Euro auf *Rouge.*

rouge (m) ▸ ① **Rouge** ② **Rot** ③ **Rotwein** ④ **Rot** ⑤ **Rouge**

① Tu es tellement pâle, tu devrais te mettre un peu de *rouge.*

② Le feu est au *rouge.*

③ Tu veux un verre de *rouge ?*

④ Le *rouge* te va si bien !

⑤ Je mets 50 euros sur *rouge.*

Route ▸ **itinéraire**

Diese *Route* bin ich noch nie gefahren.

route (f) ▸ ① **Straße** ② **Fahrzeit** ③ **Straße**

① Il habite quelque part le long de cette *route.*

② On en a pour deux heures de *route.*

③ La *route* de la soie.

R

routiniert ▸ **expérimenté**

Keine Angst, ich bin ein *routinierter* Fahrer!

routinier ▸ ① **eintönig** ② **gängig**

① Mon travail est un travail très *routinier.*

② Cette méthode n'a rien d'extraordinaire, c'est très *routinier.*

S

Salut ▸ **salve d'honneur**

Wenn der Präsident kommt, müssen wir *Salut* schießen.

salut (m) ▸ ① **Gruß** ② **Heil, Rettung**

① Il est parti sans un *salut.*

② Le *salut* du pays passe par là.

Satisfaktion ▸ **réparation** (d'honneur)

Nachdem er mich so beleidigt hatte, habe ich *Satisfaktion* gefordert.

satisfaction (f) ▸ ① **Zufriedenheit** ② **Genugtuung, Befriedigung**

① À la *satisfaction* générale, le ministre a démissionné.

② Ce travail me donne beaucoup de *satisfaction.*

Schal ▸ ① **écharpe** ② **foulard**

① Zieh einen *Schal* an, es ist kalt!

② Wer hat deiner Frau diesen schönen Seiden*schal* geschenkt?

châle (m) ▸ **Schultertuch, Umschlagtuch**

La mode du *châle* est un peu passée.

schassen ▸ **renvoyer**

Nach diesem Vorfall ist er von der Universität *geschasst* worden.

chasser ▸ ① **verjagen** ② **jagen** ③ **jagen, stark wehen**

① J'ai *chassé* cet homme de ma maison.

② Je ne *chasse* que du gros gibier.

③ Fais attention, le vent *chasse !*

Schikoree ▸ **chicorée**

Viel Kinder essen nicht gerne *Schikoree.*

chicorée (f) ▸ ① **Schikoree** ② **Zichorie, Kaffeeersatz**

① Beaucoup d'enfants n'apprécient pas la *chicorée.*

② Pendant la guerre on devait souvent remplacer le café par de la *chicorée.*

Sex ▸ ① **sexe** ② **sexe**

① Ungeschützter *Sex* kann gefährlich sein.

② Die beiden reden nur über *Sex.*

sexe (m) ▸ ① **Geschlecht** ② **Sex** ③ **Geschlecht, Sexus**

① Le *sexe* ‹fort› est parfois plus faible que le *sexe* ‹faible›.

② Ces gens ne parlent que de *sexe.*

③ Dans les films américains on ne peut jamais voir un *sexe.*

situiert ▸ **aisé, à l'aise, riche**

Der Mann kann sein Darlehen bestimmt zurückzahlen, er ist gut *situiert.*

situé ▸ **gelegen**

Ma maison est *située* sur une colline.

Soda ▸ ① **soude** ② **soda**

① *Soda* nennt man auch ‚Natriumkarbonat'.

② Einen Whisky *Soda,* bitte!

soda (m) ▸ ① **Limonade** ② **Soda**

① On connaît mieux le *soda* sous le nom de ‹limonade›.

② Un whisky *soda,* s.v.p. !

solide ▸ ① **solide** ② **sérieux**

① Das sind sehr *solide* Schuhe, die du da gekauft hast.

② Dem kannst du vertrauen, das ist ein *solider* Geschäftsmann.

solide ▸ ① **solide, robust** ② **zuverlässig** ③ **stichhaltig**

① Ce sont des meubles très *solides.*

② Je tiens cela d'une source on ne peut plus *solide.*

③ Je ne crois pas que ce soit un argument *solide.*

Souterrain ▸ **souterrain**

Wir wohnen im *Souterrain.*

souterrain (m) ▸ ① **Souterrain** ② **Fußgängertunnel, Unterführung**

① Nous habitons un *souterrain.*

② Le *souterrain* de la place de la Concorde à Paris est parfois dangereux le soir.

Spektakel ▸ ① **vacarme, tapage** ② **spectacle**

① Mach doch nicht so ein *Spektakel!*

② Der gesprengte Turm fiel in sich zusammen ; das war vielleicht ein *Spektakel!*

S

spectacle (m) ▸ ① **Theater-, Kino-, Varietévorstellung** ② **Anblick** ③ **Showbusiness**

① Quand pourrons nous enfin de nouveau aller au *spectacle ?*

② C'était un triste *spectacle.*

③ L'industrie du *spectacle* a beaucoup souffert de cette épidémie.

Spleen ▸ ① **un trait de caractère un peu bizarre** ② **avoir un grain**

① Meine Frau hat den *Spleen,* jeden nach seinem Sternzeichen zu fragen.

② Der Typ *hat einen* Spleen.

spleen (m) ▸ **Schwermut**

Je n'ai pas envie de travailler aujourd'hui, j'ai le *spleen.*

Sujet ▸ **sujet, thème**

Dieses *Sujet* eignet sich nicht für eine Doktorarbeit.

sujet (m) ▸ ① **Subjekt** ② **Thema** ③ **Subjekt** ④ **Grund**

① Quel est le *sujet* de la phrase ?

② Je n'ai pas bien compris le *sujet* de la discussion.

③ C'est un mauvais *sujet.*

④ À quel *sujet* voulez-vous me voir ?

Syndikat ▸ ① **cartel** ② **syndicat du crime**

① Um den Vertrieb der Waren kümmert sich das *Syndikat.*

② Das FBI hat die Chefs des *Syndikats* verhaftet.

syndicat (m) ▸ **Gewerkschaft**

Le *syndicat* n'est pas d'accord avec les propositions du gouvernement.

Szene ▸ ① **scène** ② **milieu** (de la drogue)

① Mach mir jetzt bitte keine *Szene!*

② Sie ist seit langem in der *Szene* bekannt.

scène (f) ▸ ① **Szene** ② **Szene, Bühne**

① Ne me fais pas de *scène,* maintenant !

② Sur *scène* elle est tout à fait différente.

T

Tablett ▸ **plateau**

Ich habe ihm das Angebot auf einem silbernen *Tablett* serviert.

Tablette ▸ **comprimé**

Hast du schon deine *Tablette* genommen?

tablette (f) ▸ ① **Tafel** ② **Brett** ③ **Sims**

① N'oublie pas d'acheter une *tablette* de chocolat !

② Le livre se trouve sur la *tablette* dans l'armoire.

③ La *tablette* de la cheminée était en marbre.

Takt ▸ ① **tact** ② **mesure** ③ **cadence, rythme**

① Dieser Auftrag verlangt viel *Takt.*

② (Ein Mitglied des Streichquartetts zu Albert Einstein:) Albert, ich weiß, dass du nicht zählen kannst, aber kannst du nicht wenigstens im *Takt* spielen?

③ Durch dich bin ich ganz aus dem *Takt* gekommen.

tact (m) ▸ **Takt**

Ton ami manque totalement de *tact.*

taxieren ▸ **évaluer, estimer la valeur, le prix**
Ich habe mein Haus *taxieren* lassen, denn ich möchte es verkaufen.
taxer ▸ ① **besteuern** ② **bestempeln**
① Je trouve que les voitures sont trop *taxées* dans notre pays.
② Je ne me laisse pas *taxer* de menteur !

Tempo ▸ ① **tempo** ② **vitesse**
① Für diese Sonate ist das *Tempo* zu schnell.
② Bei *Tempo* 100 fühle ich mich in diesem Wagen schon unsicher.
tempo (m) ▸ **Tempo**
Pour du Bach, ce *tempo* me semble trop rapide.

Terminus ▸ **terme technique**
Statt *Terminus* technicus kann man auch einfach ‚Fachausdruck' sagen.
terminus (m) ▸ **Endstation** (Bus, Straßenbahn, Zug)
Le *terminus,* c'est l'endroit où tout le monde descend.

Terrine ▸ **soupière**
Die *Terrine* kannst du auf den Tisch stellen.
terrine (f) ▸ ① **Tonschüssel** ② **Pastete** (darin zubereitet)
① Tu as une *terrine* pour le pâté de lapin ?
② Je n'ai pas encore goûté ta *terrine* de lapin.

Thema ▸ ① **thème, sujet** ② **cela va de soi**
① Was war denn das *Thema* der Diskussion?
② Jeder bezahlt für sich selbst, das ist für mich kein *Thema.*
thème (m) ▸ ① **Thema** ② **Übersetzung in die Fremdsprache**
③ **Motiv**
① Je n'ai pas bien compris le *thème* de son discours.
② À l'école, je préférais de loin les versions aux *thèmes.*
③ Dans Le Boléro de Ravel le *thème* revient des dizaines de fois.

T

Ticket ▸ ① **ticket** ② **ticket**
① Wir fliegen nach Rom, aber ich muss noch die *Tickets* kaufen.
② Die *Tickets* für die Rheinfahrt sind auch teurer geworden.
ticket (m) ▸ ① **Ticket** ② **Eintrittskarte** ③ **Fahrkarte, Fahrschein**
④ **Parkschein** ⑤ **Kassenzettel**
① Les *tickets* d'avion sont devenus plus chers.
② Je n'ai plus pu obtenir des *tickets d'entrée.*
③ Je ne trouve plus mon *ticket* de bus.
④ Le *ticket* de parking n'était plus valable après minuit.
⑤ Garde bien ton *ticket de caisse !*

Timbre ▸ timbre
Das *Timbre* dieser Geige gefällt mir nicht.
timbre (m) ▸ ① **Briefmarke** ② **Timbre**
① Combien de *timbres* dois-je mettre sur cette lettre ?
② Le *timbre* de ce violon ne me plait pas.

Ton ▸ ① **mot** ② **ton** ③ **ton** ④ **ton, nuance** ⑤ **ton**
⑥ **faire un éloge dithyrambique**
① Er sagte keinen *Ton.*
② Dein *Ton* gefällt mir nicht.
③ Wir müssen einen halben *Ton* tiefer spielen, weil die Sängerin etwas erkältet ist.
④ Dieser Farb*ton* gefällt mir nicht.
⑤ Das gehört zum guten *Ton.*
⑥ Du wurdest *in den höchsten Tönen gelobt.*
ton (m) ▸ ① **Ton** ② **Ton** ③ **Ton** ④ **Ton**
① Il a dit cela sur le *ton* de la plaisanterie.
② Il est de bon *ton* d'apporter des fleurs à la maîtresse de maison.
③ Je voudrais une cravate dans les *tons* de rose.
④ Comme la chanteuse n'est pas au mieux, il faudra jouer un *ton* plus bas.

Trakt ▸ ① **aile** (d'un bâtiment) ② **quartier de haute sécurité**
① In welchem *Trakt* befindet sich das Labor?
② Dieser Gefangene kommt in den Hochsicherheits*trakt.*
tract (m) ▸ **Flugblatt**
Des étudiants distribuaient des *tracts.*

tranchieren ▸ découper
Wer möchte die Gans *tranchieren?*
trancher ▸ ① **durchschneiden** ② **entscheiden**
① Le meutrier lui avait *tranché* la gorge.
② Comme vous n'arrivez pas à vous décider, je vais *trancher* la question.

T

Transparent ▸ banderole
Auf der Kundgebung konnte man einige kommunistische *Transparente* sehen.
transparent (m) ▸ **Folie**
Pour la projection, j'ai besoin d'un *transparent.*

Transporter ▸ **camionnette**
Ich bin gestern von einem *Transporter* angefahren worden.
tranporteur (m) ▸ **Spediteur, Transportunternehmer**
Mon père est *transporteur routier.*

Trasse ▸ **tracé**
Die genaue *Trasse* der neuen Autobahn ist noch nicht bekannt.
trace (f) ▸ **Spur** (in fast allen Bedeutungen)
Le voleur n'avait pas laissé de *traces.*

Tresor ▸ **coffre-fort**
Alle Juwelen liegen sicher im *Tresor.*
trésor (m) ▸ ① **Schatz** ② **Schatz, Fülle** ③ **Öffentliche Hand** ④ **Schatz**
① On n'a jamais retrouvé le *trésor* des Aztèques.
② Il nous apportait un *trésor* d'informations.
③ Le *Trésor Public* ne pourra jamais payer cette dette.
④ Tu es un *trésor !*

Trikot ▸ ① **maillot, collant** ② **maillot jaune**
① Balletttänzer(innen) tragen ein *Trikot.*
② Das gelbe *Trikot.*
tricot (m) ▸ ① **Strickjacke, Strickweste** ② **Strickzeug**
① Mets un *tricot,* il fait frais !
② Tu as pris ton *tricot ?* Sinon on va s'ennuyer à attendre.

trist ▸ **sinistre**
Ich lebe hier in einer *tristen* Gegend.
triste ▸ ① **traurig** ② **traurig, kläglich** ③ **da war was los**
① Tu as l'air *triste.*
② Il était dans un *triste* état.
③ Il y avait de l'ambiance, *c'était pas triste !*

T

Trott ▸ ① **train-train, routine** ② **trot**
① Es ist immer der gleiche *Trott.*
② Das Pferd muss noch lernen, im *Trott* zu gehen.
trot (m) ▸ **Trab**
Tu devrais mettre ton cheval au *trot !*

Trubel ▸ **animation, cohue**
In der Stadt herrschte großer *Trubel.*
trouble (m) ▸ ① **Beschwerden, Störung** ② **Unruhen**
① J'ai des *troubles* digestifs, visuels ...
② Le gouvernement doit s'occuper des *troubles* sociaux.

Trupp ▸ ① **groupe** ② **troupe de choc, troupe d'assaut**
① Der ganze *Trupp* hatte sich am Rathaus versammelt.
② Der Stoß*trupp* hat die Stellung erobert.

Truppe ▸ ① **troupe** ② **troupe**
① Die feindlichen *Truppen* stehen schon an der Grenze.
② Die Künster*truppe* will vor dem Parlament eine Kundgebung organisieren.

troupe (f) ▸ ① **Truppe** ② **Ensemble** ③ **Stoßtrupp** ④ **Ensemble**
① Il y avait là une *troupe* de légionnaires.
② La *troupe* théatrale n'est pas encore arrivée.
③ Le général a fait appel à la *troupe d'assaut.*
④ Une *troupe* d'opéra coûte cher.

Tube ▸ ① **tube** ② **appuyer sur le champignon**
① Vergiss nicht, eine *Tube* Zahnpasta zu kaufen!
② Mann, fahr nicht so langsam, drück auf die *Tube!*

tube (m) ▸ ① **Rohr** ② **Röhre** ③ **Tube** ④ **Trakt** ⑤ **Hit**
① Nous produisons des *tubes* en aluminium.
② Le *tube* de néon a rendu l'âme.
③ N'oublie pas d'acheter un *tube* de dentifrice !
④ J'ai des problèmes avec mon *tube* digestif.
⑤ Cette chanson va devenir un *tube.*

Varieté ▸ **théâtre de variété**
Ich strebe eine Laufbahn im *Varieté* an.

variété (f) ▸ ① **Vielfalt, Artenreichtum** (Tiere, Pflanzen) ② **Sorte** ③ **Unterhaltungsmusik**
① Il y a là une grande *variété* de gens.
② Achete un peu une autre *variété* de pommes de terre !
③ C'est une *musique de variété.*

Vase ▸ **vase**
Die *Vase* kannst du auf den Kamin stellen.

vase (m) ▸ ① **Vase** ② **abgeschlossene Welt**
① Tu as un *vase* pour ces fleurs ?
② Les ministres vivent souvent en *vase clos.*

vase (f) ▸ **Schlamm**
Mon soulier était resté coincé dans la *vase.*

Vehikel ▸ **tacot** (Auto) ; **clou** (Fahrrad)
Wo willst du denn noch hin mit diesem *Vehikel?*
véhicule (m) ▸ **Fahrzeug**
J'ai besoin d'un *véhicule* pour aller à mon travail.

versiert ▸ ① **expérimenté** ② **versé, calé**
① Keine Angst, er ist ein sehr *versierter* Fahrer!
② In Geschichte ist er sehr *versiert.*
versé ▸ **versiert, bewandert**
Il est très *versé* en littérature.

Visage ▸ **tronche, gueule**
Ich kann den Kerl nicht leiden, seine *Visage* gefällt mir einfach nicht.
visage (m) ▸ **Gesicht**
Elle n'est pas très belle. Pourtant, elle a un beau *visage.*

Visite ▸ ① **visite** ② **visite(s)**
① Die *Visite* beim Hausarzt ist wieder teurer geworden.
② Der Chefarzt ist jetzt nicht zu sprechen, er macht gerade seine *Visite.*
visite (f) ▸ ① **Visite** ② **Visite** ③ **Besuch** ④ **Besuch** ⑤ **Untersuchung**
① La *visite* chez le médecin est devenue plus chère.
② Le chef, entouré des ses assistants, fait sa *visite.*
③ Ta *visite* est déjà arrivée.
④ C'était une *visite* de politesse.
⑤ Je vais devoir passer une *visite* médicale.

visitieren ▸ **fouiller, contrôler**
Am Zoll wurde unser ganzes Gepäck *visitiert.*
visiter ▸ ① **besichtigen** ② **besuchen**
① Demain, nous allons *visiter* la cathédrale.
② Le curé a *visité* les prisonniers.

vital ▸ ① **vital** ② **plein de vitalité**
① Diese Sache ist *vital* für uns.
② Er ist zwar achtzig, aber noch ein sehr *vitaler* Mensch.
vital ▸ ① **lebenswichtig** ② **Lebensraum**
① Le foie est un organe *vital.*
② *L'espace vital* est un problème pour beaucoup de peuples.

Volontär ▸ **stagiaire** (Zeitung, Verlag)
Der Verlagsdirektor stellte mir den neuen *Volontär* vor.
volontaire (m/f) ▸ **Freiwillige(r)**
Je cherche des *volontaires* pour faire ce travail.

W

Weste ▸ **gilet**
Zieh eine *Weste* an, es ist kalt!

veste (f) ▸ ① **Jacke** ② **Sakko** ③ **eine bittere Niederlage erleiden**
① Pour l'été, la *veste* en laine est trop chaude.
② La *veste* ne va pas bien avec le pantalon.
③ On a *ramassé/pris une veste.*

Z

Zirkel ▸ ① **compas** ② **cercle**
① Wenn du einen Kreis zeichnen willst, brauchst du einen *Zirkel.*
② In diesen *Zirkeln* verkehre ich nicht.

cercle (m) ▸ ① **Kreis** ② **Zirkel**
① Pour dessiner un *cercle,* tu as besoin d'un compas.
② Il y a longtemps que je fréquente ce *cercle* d'amis.

Zylinder ▸ ① **cylindre** ② **haut-de-forme**
① Mein Auto ist ein 6-*Zylinder.*
② *Zylinder* sieht man höchstens noch auf Hochzeiten oder auf Begräbnissen.

cylindre (m) ▸ **Zylinder**
Le moteur de ma voiture a six *cylindres.*

Literaturverzeichnis

Gra-Steiner, Béatrice; Dretzke, Burkhard; Nester, Margaret: *Petit Dictionnaire des Faux Amis*, Reclam, Stuttgart 2010

Vanderperren, François: *Dictionnaire des / Wörterbuch der Faux Amis, allemand–français, Deutsch–Französisch*, DeBoeck/Duculot, Louvain-la-Neuve 1994

Siegfried Theissen

Französische Redewendungen

mit französischer Umschreibung, deutscher Übersetzung, Erläuterung, Etymologie und Beispielsätzen

2021 · 378 S.
Kartoniert, Fadenheftung
ISBN 978-3-96769-067-5

Zielgruppe: Anfängerinnen, Anfänger und Fortgeschrittene, die unterrichtsbegleitend oder im Selbststudium ihren aktiven Sprachgebrauch systematisch verbessern möchten. Romanistikstudierende; Übersetzerinnen und Übersetzer.

Konzeption: Wer wüsste nicht gern die Etymologie von *avoir un chat dans la gorge* (einen Frosch im Hals haben)? Wieso *un chat* (eine Katze)? In übersichtlichen Einträgen – alphabetisch sortiert – werden zu mehr als 2.000 französischen Redewendungen eine Umschreibung, die deutsche Übersetzung, die Etymologie (wenn sie zu ergründen war), eine wörtliche Wiedergabe oder Übersetzung ihrer Kernwörter und ein Beispielsatz aufgeführt. Hinweise auf das Sprachniveau werden nur bei vulgären Redewendungen gegeben, weil sie nicht immer vulgäre deutsche Entsprechungen haben. In anderen Fällen ist aus der deutschen Übersetzung und aus der Frequenzangabe ersichtlich, ob es sich um gehobene Sprache oder Umgangssprache handelt.